DES

PORTS DE REFUGE

A ÉTABLIR

AUX BAIES DE CANCHE, D'AUTHIE & DE SOMME

SUR LA MANCHE

Par le Général J. TRIPIER.

MONTREUIL-SUR-MER,
Imprimerie de Jules Duval, Grande-Rue, 88.
1869.

SUITE DES ÉTUDES

FAITES

SUR LE LITTORAL FRANÇAIS

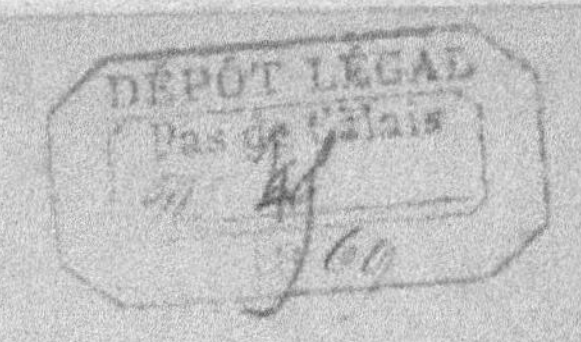

DE LA MANCHE,

DU HAVRE A DUNKERQUE,

Par M. le Général TRIPIER.

MONTREUIL-SUR-MER,
Imprimerie de Jules Duval, Grande-Rue, 88.
1869.

Montreuil-sur-Mer, Imprimerie de Jules DUVAL, Grande-Rue, 88.

SUITE DES ÉTUDES

FAITES

SUR LE LITTORAL FRANÇAIS DE LA MANCHE,

DU HAVRE A DUNKERQUE,

Par M. le Général TRIPIER.

Depuis 1862, époque où M. Jouglet de Ligne a publié son premier travail sur le Hâvre, nous n'avons pas cessé de poursuivre la tâche que nous nous sommes imposée, d'établir dans toute sa rationalité, la situation nautique, à différentes époques, de la côte française de la Manche, depuis le Hâvre jusqu'à Dunkerque, dont toutes les parties forment un ensemble par les analogies de leur constitution (*).

Nous voulons tirer de l'étude des données de la

(*) M. Jouglet de Ligne a publié trois mémoires depuis 1862. Le premier, la rade de Dunkerque, en 1864 ; le second, de Cherbourg à Anvers, en 1867 ; le troisième, le port maritime de la Seine en 1868. Le général Tripier deux mémoires : l'un des ports de refuge à établir aux baies de Canche, d'Authie et de Somme, sur la Manche ; l'autre, le résumé succint de ses études sur les côtes de la Manche.

nature, les moyens d'y créer des rades couvertes et des ports de refuge dans les meilleures conditions d'économie, et en même temps les plus favobles à la navigation, c'est un but que nous croyons possible d'atteindre sans de trop grandes difficultés. Cependant, il paraît encore exister des doutes, que nous allons nous efforcer de faire disparaître.

On est unanime à reconnaître l'urgente nécessité des ports dans lesquels on puisse entrer à toute heure, sur une mer aussi mauvaise que la Manche, où il y a les relations les plus actives et les plus étendues entre deux grands peuples, la France et l'Angleterre. Pour répondre à tant de besoins, nos côtes, sur lesquelles se porte toute la fureur des vents, n'offrent que des ports à marée, abordables seulement, lorsque les eaux sont hautes, deux fois en 24 heures.

On a accumulé sur les ports à marée les travaux susceptibles de les améliorer, ils sont presque tous dotés de bassins à flots. On cherche à approfondir leur chenal, on a commencé par tirer parti d'un état de lieu déjà bien compromis par des dispositions antérieures vicieuses, c'est un premier pas, maintenant il faut aller plus loin. Lorsque l'on jette un regard en arrière et que l'on voit, dans des temps qui ne sont pas éloignés de nous, ces contrées couvertes de profondes nappes d'eau dans lesquelles la navigation trouvait un abri et avait

toutes ses aises, dans les plus mauvais temps, qui
se sont maintenus tant qu'elles ont été suffisantes
et qui se sont éteintes par la négligence des hommes, par le travail des eaux, on est en droit d'espérer qu'avec leur aide et une meilleure direction, on
puisse les reproduire, sans de trop grands efforts,
non plus sur d'aussi vastes espaces, ce n'est pas
toujours nécessaire, mais dans les limites des besoins de chaque localité, c'est ce que notre travail
de 1867 fait voir pour la partie du littoral comprise entre le cap d'Antifer et le cap Gris-Nez, et ce
qui n'est pas moins certain pour la partie comprise
entre le Hâvre et Dunkerque qui est soumise aux
mêmes lois.

Les eaux de la Manche à marée montante et à
marée descendante ont une marche régulière entre le cap de Barfleur et l'embouchure de la Meuse,
les courants du littoral et celui du large du talwey,
n'éprouvent pas d'inflexions assez prononcées pour
troubler la continuité de leur mouvement, celles de
ce dernier sont à peine sensibles, elles n'ont pas,
comme à l'entrée de la Manche, des retours sur-
elles-mêmes imposés par la forme du littoral qui
les fasse dévier de la direction générale. Le flot
dans ses épanchements ascentionnels produit sur
les rives des mouvements giratoires d'autant plus
prononcés qu'elles le contrarient moins, et par suite de la vitesse acquise dans un si long canal, par

la masse des eaux, il se prolonge au-delà du moment de la mer haute d'autant plus longtemps qu'il
approche du détroit, et au-delà il arrive quelquefois par certains vents qu'il finit par se confondre
avec le jusan de la mer du Nord. C'est ce que l'on
appelle le gain de flot qui coïncide avec le courant
de flot du littoral d'Ecosse et d'Angleterre, qui
contourne le fond de la mer du Nord, comme l'a
fait remarquer M. le capitaine de frégate Dumas-
Vence dans un récent travail.

Le régime des eaux de cette partie de la Manche
a été observé sur la mer même, par plusieurs in-
génieurs et marins dont les opinions se trouvent
résumées dans un intéressant ouvrage publié en
1863 par M. Plocq, l'ingénieur distingué, chargé
des travaux maritimes du port de Dunkerque. Ces
observations ont une grande importance pour la
question qui nous occupe, car le régime des eaux
a eu beaucoup d'influence sur la constitution de
notre littoral; on en voit partout les traces, tant sur
la côte rongée que sur la côte atterrie; mais ces observations n'ont pas acquis un assez haut degré de
certitude pour que l'on puisse s'appuyer entièrement sur elles, et puis dans cet ouvrage, il n'est fait
mention que dans des limites restreintes de la succession des effets de la mer sur ces rivages, qui
sont assez sensibles pour qu'il soit possible d'en
suivre la marche sans commettre des erreurs trop

grossières, c'est ce dernier travail qui manquait en grande partie, que nous avons entrepris depuis plusieurs années, qui nous a donné des résultats conformes et d'autres en contradiction avec les observations contenues dans l'ouvrage de M. Plocq dont du reste il ne prend pas la responsabilité.

La contradiction pèse surtout sur le transport du galet comme l'entend M. de Lamblardie. Nous sommes complètement d'accord avec lui sur la manière dont il se produit; mais il pense que le courant du littoral n'a pas d'influence sur le mouvement qu'il éprouve le long de la côte, qu'il n'a de force que pour entraîner le sable et que ce sont les vents seuls auxquels on doit la marche du galet. C'est en quoi nous différons d'avis avec lui, comme nous en avons déjà fait l'observation dans notre premier travail sur les ports de refuge à créer aux baies de Cauche, d'Authie et de Somme.

Ce célèbre ingénieur n'a jamais remarqué que le galet fit le moindre mouvement dans une mer tranquille, cela peut-être pour la partie de la Manche que nous considérons, nous ne saurions l'affirmer d'une manière générale, les courants changent d'un point à un autre, nous avons vu des fleuves rapides entraîner des pierres d'un assez gros volume; mais, dans ce cas, lorsque la vague soulève le galet et qu'il se trouve entre deux eaux, il est bien obligé, quelle que soit la direction des vents, de suivre leur mouvement général, pendant un temps plus ou moins long, suivant son poids et la force du courant. Nous avons été témoin, à Alger, du transport, par la lame, de blocs de beton de 15 à 20 mètres carrés. A la distance de 40 mètres elle s'était interposée entre eux et le sol sur lequel ils reposaient. Ils avaient glissé sur une surface liquide. Tout le monde sait que c'est un moyen que l'on a voulu appliquer aux chemins de fer. Il existe un exemple frappant du transport de galets, malgré les vents contraires, sur les côtes de Cayeux et de Boulogne, où les vents règnent de nord-ouest sur une direction opposée à la marche du galet qui continue toujours vers le nord, bien évidemment, par l'effet du courant du littoral.

Ce n'est pas à dire que les vents ne soient pas d'une grande aide, lorsqu'ils sont dans la direction du courant, ou une cause de retard lorsqu'ils sont dans une direction opposée. Dans tous les cas ils sont nécessaires pour agiter l'eau; mais ils ne sont pas tout-puissants, comme M. de Lamblardie paraît le croire. Ils ont des rafales variables de direction plutôt dangereuses qu'utiles dans la formation des barres et des bancs permanents, auxquelles elles portent de très-graves atteintes, que l'effet constant des courants, seul, pour réparer celui des vents ne peut être que momentané, c'est ce que l'on voit à l'entrée de l'embouchure de la Seine

et sur les parties atterries entre le bourg d'Ault et
le pied de la montagne du cap d'Alprech, et entre
Sangatte et Dunkerque. Les courants de la marée
montante et descendante y sont tout-à-fait prédo-
minents, ils n'ont plus à craindre dans leurs mouvements, comme sur les parties escarpées, la résistance de la base ; ils sont complètement maîtres
des éléments et ils les dirigent, non sans l'opposi-
tion des vents, mais sans dévier de la voie dans
laquelle ils sont entrés.

Le gain du flot et le transport du galet par les
courants sont deux faits généraux qu'il fallait si-
gnaler d'une manière toute spéciale. Ils vont se
représenter, à chaque instant, dans le nouvel examen que nous allons faire du littoral compris entre le Hâvre et Dunkerque, que nous diviserons
en quatre parties.

La première, entre Barfleur et le cap d'Antifer,
comprend la baie et l'embouchure de Seine, où
les eaux de marée du canal de la Manche pour un
deversement sur lequel ses courants n'ont qu'une
influence secondaire.

La seconde, du cap d'Antifer à Dunkerque, est
au contraire presque entièrement sous la dépendance des courants du canal de la Manche.

La troisième, les positions nautiques des embouchures de la Somme, de l'Authie et de la Canche.

Enfin, la quatrième, la position nautique de

Dunkerque, due, partie à la contrariété, partie à la coïncidence de l'onde du flot de la Manche avec celle de la mer du Nord.

PREMIÈRE PARTIE.

Baie et Embouchure de la Seine.

Le Hâvre.

Les eaux de flot du canal de la Manche en se déversant dans la baie de Seine forment trois courants : celui du sud qui se produit le long de la côte du Calvados; le courant du centre, qui entre directement dans l'embouchure du fleuve, par deux inflexions en sens opposé; et enfin celui du nord en faisant un retour sur elles-mêmes pour remonter la côte d'Antifer, du nord au sud-ouest. Ces eaux reçoivent nécessairement une puissante impulsion du courant de la Manche, dans la baie, où cependant elles sont fortement influeneées par la forme de son littoral ; mais une fois à l'entrée de l'embouchure et dans l'embouchure elle-même, elles sont presqu'entièrement sous la dépendance de la disposition des rives et de la plus ou moins grande violence des vents régnants. On peut considérer la loi de leur écoulement, comme celle d'un vaste réservoir, qui est la baie, par une ouverture latérale, qui est l'entrée de l'embouchure, troublée par des pressions variables, celles des vents.

Primitivement les eaux de la baie pénétraient

librement dans l'embouchure entre deux berges escarpées se terminant l'une au nord par le cap aigu de la Hève de 65°, alors sur le banc de l'Eclat, et l'autre au sud par celui plus ouvert du rocher de Villerville de 140°.

Le courant du nord de la baie venant du cap d'Antifer contournait la pointe de la Hève en laissant, entre lui et la hauteur de l'Adresse et d'Ingouville, un vide qui se remplissait par un épanchement en retour de ses eaux à la hauteur de la pointe des Neiges pour y former un remou. C'est la conséquence obligée de la loi de l'écoulement d'une veine fluide dans de pareilles conditions que l'on ne peut contester. Cet état de choses est parfaitement indiqué par les hauts de la rade et la plage plus ou moins variable du Hâvre du côté de la Seine jusqu'à la pointe des Neiges, composées de dépôts de galets et de dépôts blancs, débris de la falaise crayeuse comprise entre le cap d'Antifer et le banc de l'Eclat, et par une ligne de faîte de 5 à 6 mètres de hauteur au-dessus du niveau moyen de la mer, que l'on voit très-bien sur le plan à courbes horizontales du service du génie militaire, qui se trouve à peu près à la hauteur de la pointe des Neiges et sépare la plaine de Leure de celle du Hâvre proprement dite, qui ont des pentes en sens inverse et une composition toute différente.

Il a existé longtemps, à l'intérieur de cette limite, une vaste et profonde nappe d'eau s'étendant jusqu'au pied de la pente escarpée d'Ingouville, qui comprenait la petite rade, l'emplacement de la ville et de ses bassins, et formait un beau mouillage que l'on appelait Chef de Caux. C'est le premier atterrissement qui s'est effectué à l'entrée de Seine, dont l'enveloppe devait déjà avoir une certaine consistance lorsque le courant de Verhaule, c'est-à-dire de l'intérieur, est venu y adosser ses dépôts argileux pour former la plaine de Leure.

Le courant principal du centre avait, à son entrée dans l'embouchure, une direction qui lui est propre, celle du talwey général de la masse des eaux de la baie, est légèrement sud, restée cons-tamment la même, sur toutes les cartes, dans les fonds au-dessous de 10 mètres, au-dessus de ces fonds il s'est bifurqué. Une partie de ses eaux a conservé la même direction et l'autre s'est inclinée un peu vers le nord. Ces deux directions sont sé-parées par le banc d'Amfard qui est considéré comme un ban fixe.

Cet état de choses a-t-il toujours subsisté, mê-me dès l'origine comme on le voit sur toutes les cartes connues? C'est probable. Le courant sud que nous appellerons courant au-dessus d'Amfard, pour éviter toute confusion avec les courants de la baie, serait celui du talwey principal des eaux de l'embouchure quand elles avaient toute leur pro-

fondeur et que leur mouvement n'était pas encore
entravé par les atterrissements qui se sont formés
avec le temps sur les rives. Le courant nord, le
courant au-dessus d'Amfard, beaucoup plus faible,
était la conséquence de l'épanouissement de la
veine fluide qui se composait du courant du nord
et du courant du centre de la baie, formant un
seul faisceau à leur entrée, mais dont la séparation
était plus prononcée que dans les cas ordinaires,
à cause de la pression du courant du canal de la
Manche sur les eaux de la baie qui a une tendance
à les jeter vers le nord.

C'est ainsi que s'explique, avec la dernière rationalité, la formation à part de l'enveloppe de la
nappe d'eau du Chef de Caux, mouillage de tête
du pays de Caux, remarqué dès la plus haute an-
tiquité.

Le courant du sud de la baie, celui de la côte de
Calvados d'où il a détaché plus tard les énormes
dépôts d'argile auxquels est dû en grande partie
le comblement de l'embouchure du fleuve, y entrait facilement sans détour jusqu'au port de Honfleur. La pointe aplatie du rocher de Villerville,
qu'il a arrondie à sa partie supérieure, lui permettait de suivre la rive sans la quitter. Entre ce courant et celui du centre, il s'est formé un banc, celui du Ratier, que l'on a toujours considéré aussi
comme un banc fixe. Tel était primitivement l'état

de l'entrée de l'embouchure de la Seine, avant que
le mouvement de la masse de ses eaux n'ait été
modifié par les atterrissements intérieurs, c'est
la première période.

Dans l'étude du mouvement des eaux d'une baie
ou d'une embouchure, il y a deux choses à considérer : le mouvement de leur entrée et celui de
l'intérieur. Il y a entre eux une corrélation intime;
ils s'imposent réciproquement des conditions impérieuses. Pendant longtemps le talwey de la
masse d'eau n'a pas eu une direction suffisamment
indiquée pour influencer celle des courants de la
marée montante ; mais il est arrivé un moment où
l'atterrissement des deux rives du haut de l'embouchure a resséré les fonds de la nappe d'eau
au-dessous du niveau des basses mers, et n'a plus
laissé à son talwey la même liberté. Dès lors le
régime des eaux s'est modifié à son entrée.

De Quillebœuf à la pointe de Berville, le talwey
prenait les différentes sinuosités que lui imposaient
les rentrants des rives. A la hauteur de Berville, il
cherchait à pénétrer dans l'anse de Saint-Sauveur;
mais il en était repoussé par les atterrissements
qui ont comblé de bonne heure le port de Honfleur et qui le rejetaient au nord ; il a longtemps
oscillé entre les directions des passes d'entrée au-
dessus et au-dessous du banc d'Amfard. Enfin lorsque par suite du progrès de l'atterrissement de

l'anse de Saint-Sauveur, le talwey des eaux de l'intérieur de l'embouchure s'est trouvé en face, d'une manière définitive, de la passe au-dessous de ce banc, il l'a pris et y a attiré toutes les eaux.

Il existe dans l'embouchure de la Seine un mouvement d'eau qui lui est spécial, et qui se lie avec celui qui se porte sur la pointe du Hoc. La baie, par sa grande capacité, jette sur l'embouchure une masse liquide que celle-ci ne peut pas contenir. Il y a un moment où l'eau arrivée, ayant acquis la limite de hauteur qu'elle peut atteindre, par suite de la pression de l'eau qui arrive encore, celle-ci est obligée de rétrograder. Le retour se fait par un mouvement circulaire, un peu avant la pointe de Berville, dans l'espèce de bassin indiquée par l'anse de Saint-Sauveur et celle du château d'Orcher.

Vers une heure et demie avant que la mer soit haute dans le port, la Seine se trouvant à peu près remplie ne peut plus recevoir toutes les eaux que lui envoie la baie. Leur vitesse mollit partout, excepté vers la rive gauche où il se forme un courant qui se dirige sur la pointe de Berville, mais qu'il ne peut pas atteindre à cause de la résistance qu'il trouve dans la masse d'eau stagnante du haut de l'embouchure qui l'oblige à revenir en arrière. Aussitôt que dans ses changements successifs de direction ce courant transversal atteint la pointe du Hoc, une partie des eaux qui la forme s'écoule vers l'O, le long du rivage de la plaine de Leure et produit le courant connue sous le nom de Verhaule. C'est à peu près la description qu'en fait le pilote français. La masse d'eau stagnante du haut de l'embouchure au-delà de Berville, quoique sans mouvement horizontal bien sensible, pendant le courant de Verhaule, en éprouve un vertical bien prononcé qui s'énonce par de fortes ondulations qui, à certaine époque, s'élèvent très haut et avec fracas dans le lit du fleuve pour former le mascaret.

Le courant de Verhaule a probablement eu lieu à toutes les époques, même à celle où les eaux étaient profondes dans l'embouchure ; mais comme à cette époque le courant d'entrée central avait toute sa puissance, on est porté à croire que dans son mouvement de retour, il ne prenait pas à partir de la pointe du Hoc, la direction de l'ouest, le long de la plaine de Leure ; mais qu'il continuait son mouvement circulaire pour joindre ce courant central, comme cela a lieu maintenant en partie, depuis l'endiguement. C'est un fait excessivement curieux sur lequel nous reviendrons plus loin, qui est parfaitement indiqué sur la carte marine de 1863.

Le courant de Verhaule a donc suivi le mouvement général des eaux de l'embouchure par la pointe du Hoc, produit par la forme de ses rives

et les dépôts provenant des débris de la côte de
Calvados. Il a pu l'influencer, mais ne l'a pas dé-
terminé. Il est résulté de ce changement de régime des eaux, deux faits bien remarquables : celui
du comblement du port de Harfleur et de la rupture de la pointe de la Hève que l'on peut regarder
à peu près comme contemporains. (Voir la carte
de l'état-major et les cartes marines de 1834,
1853, 1863.)

Tant que le courant principal du centre de la
baie s'est maintenu dans sa position normale, au-
dessus d'Amfard à son entrée dans l'embouchure,
il n'imposait pas au courant du nord, celui de la
côte d'Antifer, une inflexion qui peut peser sur la
saillie de la Hève au point de la rompre, les choses sont restées longtemps dans cet état, sans accidents bien sensibles ; mais lorsque le courant
central a été obligé lui-même de porter une grande partie de ses eaux au-dessous d'Amfard, alors il
a formé avec le courant d'Antifer une courbe plus
formée, et par conséquent plus tendue qui a pesé
sur cette saillie, comme si on l'eut enveloppé d'u-
ne corde tirée par les deux bouts, qui l'a obligé à
céder. C'est un fait on ne peut plus curieux. Une
partie des eaux du courant central entrait toujours
dans sa fosse primitive au-dessus du banc, qui s'est
maintenue profonde à l'entrée de l'embouchure,
mais elle s'est comblée à l'est au-delà d'Amfard et

ses eaux contournaient ce banc pour s'infléchir à leur tour sur la pointe du Hoc, comme l'indique la carte maritime de 1838.

La saillie du Hoc était le point de concentration de tous les courants de la baie dans l'embouchure, celui du sud s'y portait aussi ; les fonds dans lesquels il coulait primitivement le long de la rive jusqu'à Honfleur s'étant relevés, il n'avait qu'un mouvement superficiel que n'influençait plus celui du courant du centre pour le maintenir dans cette direction. Il était à la merci des vents du sud-ouest et du rocher de Villerville qui le poussaient sur la pointe du Hoc, effet parfaitement saisissable sur la même carte de 1838, levée en 1834, la première qui ait représenté complètement l'état des lieux. Le point d'inflexion où se réunissait ce faisceau de courants pour entrer dans le haut de l'embouchure et prendre son talweg était marqué sur cette carte par une fosse dite du Hoc.

Nous avons à examiner maintenant ce qui s'est passé au port de Harfleur et au Chef de Caux à la suite de cette série de circonstances dignes du plus grand intérêt. Le courant de retour de Verhaule et de jusan du haut de l'embouchure, en se rapprochant de la rive droite, jetait des dépôts argileux de plus en plus prononcés sur la partie Est de l'enveloppe du Chef de Caux. D'un autre côté, le courant d'Antifer, pressé par le courant du centre, dont l'action allait chaque jour en augmentant, prolongeait la partie sud de cette enveloppe par une trainée de galets dont l'extrémité a reçu la désignation de la pointe du Hoc. Cette pointe en s'avançant formait une anse dans laquelle venait s'ensevelir des masses considérables d'alluvions qui ont formé la plaine de Leure et comblé les mouillages de Graville et de Harfleur.

Quant à la nappe d'eau du Chef de Caux elle fût divisée en deux à la chute de la pointe de la Hève, par la plage actuelle du Hâvre, pour former la petite rade et l'emplacement des bassins du port. Cette nappe d'eau était entourée du côté de la terre de marais tourbeux qui la rendaient d'un abord difficile. C'est la raison pour laquelle ses rives ont été habitées très tard. Elles ont mis beaucoup de temps à se consolider. Elles n'avaient pour s'attérir que les apports du courant de la côte d'Antifer. Celui de la mer descendante du haut de l'embouchure de la Seine ne s'est chargé d'alluvions argileuses, ou au moins ne les a amenés sur ce point que lorsque l'enveloppe du Chef de Caux était déjà formée avec les débris blancs, les galets et les sables provenant de cette côte.

Lorsqu'on regarde les anciens plans de l'espace où a été établi le port du Hâvre, on est étonné de le voir morcelé par une grande variété de canaux naturels. En voilà la raison : Le mouil-

lage du Chef de Caux s'alimentait des eaux de la
mer de deux côtés par une ouverture, ou même
peut-être par plusieurs, près de la pointe de la Hève, lorsqu'elle était encore sur le banc de l'Eclat
dont on voit encore les traces, et par le retour en
remous du courant d'Antifer à son entrée dans
l'embouchure, de la contrariété de ces deux ondes
et de leur interférence dans une vase molle est
résulté une série de canaux dont on a fait en grande partie les bassins du port.

M. le général de Brossart, dans ses études sur
la ville du Hâvre, s'exprime ainsi sur cette question : « Nous avons dit que les terrains sur lesquels
» se trouve placé le Hâvre, sont le résultat unique
» des alluvions de la Seine, et nous insistons sur
» ce point parce que des hommes compétents ont
» à tort affirmé que ces terrains s'étaient formés
» des débris du cap de la Hève et de ceux enlevés
» aux falaises d'Antifer, ce qui est impossible eu
» égard à la configuration du terrain. On remar-
» que en effet que le banc de l'Eclat, placé sur le
» prolongement de la côte d'Antifer, rejetait le
» courant au large, tout au plus ce courant pou-
» vait-il atteindre l'extrémité du banc d'Amfard.
» C'est ce qui est confirmé par l'absence complète
» de galets dans les terrains d'alluvions sur les-
» quels le Hâvre est assis. »

M. le général de Brossard n'a pas remarqué

que les trois courants du sud, du centre et du nord
de la baie, que l'on peut considérer séparément,
appartiennent à une seule et même masse d'eau
qui les réunit à leur entrée de l'embouchure et les
rend dépendants les uns des autres. Ce sont autant de filets d'eau formant un seul faisceaux.
Chacun de ces filets peut avoir plus ou moins
de vitesse, par suite d'une pression spéciale quel-
conque, par celle des vents par exemple et obliger
le courant voisin à s'infléchir mais non le rompre.
Il a pu s'établir entre eux des bancs qui, en les
serrant, ont mieux défini leur direction ; mais ils
n'en sont pas moins soumis tous dans leur ensemble à la loi immuable de l'écoulement des fluides.
C'est ce qui fait leur force et donne le caractère de
permanence aux alluvions qu'ils dirigent.

Le courant d'Antifer, pendant le flot, ne se jette
pas au large comme le prétend M. le général de
Brossard. Poussé par le vent de nord-ouest, qui est
le vent régnant le plus fort, il peut obliger le courant du centre à s'infléchir sur le banc du Ratier,
mais pas le traverser, il empêcherait les eaux de
la baie d'entrer en Seine, ce qui est une impossi-
bilité matérielle, et il faut pour cela un coup de
vent des plus violents. C'est dans les moments de
courte durée que le galet arrive jusqu'au Ratier,
amené par le courant d'Antifer jusqu'au courant
du centre qui, fortement comprimé, le dépose sur

le banc à son point d'inflexion. Il ne serait pas impossible que le galet, par sa force vive, ne traversât le courant du centre. C'est par cette raison que les vagues le relèvent sur les plages.

M. de Lamblardie a été mieux inspiré « en con-
» sidérant l'embouchure de la Seine comme le
» chenal d'un grand port, et la côte qui se trouve
» à droite comme une jetée, dont le cap de la Hève
» serait la tête; alors les dépôts qui sont compris
» entre la Hève, Ingouville, Groville, Harfleur et
» la pointe du Hoc, forment un poulier semblable
» à celui dont nous venons de parler. »

Il y a là beaucoup plus d'esprit d'observation. La différence est que le poulier est plus grand et est creux à l'intérieur, et que l'atterrissement du Hâvre au Hoc se compose de ce poulier et de la plaine de Leure, qui est une autre espèce de dépôt.

« Les sondages ont fait connaître que les ter-
» rains qui s'étendent de la mer jusqu'au bas des
» côtes d'Ingouville, se composent sous le sol vé-
» gétal, de cinq couches d'alluvions distinctes sans
» aucun mélange de galet et déposées dans l'ordre
» suivant : terre végétale, tourbe noire, sable gras,
» tourbe brune, sable gras, tourbe brune appuyée
» sur un fond de sable et de galet qui formait
» évidemmment le fond de la baie. »

Nous citons textuellement M. le général de Brossard. Cette couche de sable et galet que l'on a

trouvé partout dans les sondes, est de 6 à 7 mètres au-dessous du sol, qui se compose d'une couche de terre de transport de plus de 5 mètres d'é-
paisseur; ainsi la couche de sable et galet ne se
trouverait plus qu'à 5 mètres au-dessous. Or, le
Chef de Caux avait bien plus de profondeur. Enfin,
il n'y a rien dans les dépôts qui ressemble à ceux
de la plaine de Leure. Il y a là une contradiction
flagrante.

Ainsi donc, le mouvement des eaux dans toute
cette région a eu deux époques bien distinctes: la
première, celle où elles entrent librement, sans
obstacle, dans l'embouchure de la Seine lorsqu'elle
avait du fond, suivant la loi de leur écoulement
et où se forment les bancs indiqués par la disposition naturelle du courant qui sont, celui des hauts
de la rade qui s'est prolongé à l'est pour contour-
ner la nappe d'eau du Chef de Caux; le banc
d'Amfard et celui du Ratier qui, comme les co-
lonnes inébranlables de l'entrée du fleuve, ont résisté aux assauts des éléments en fureur; la seconde, l'époque où l'atterrissement successif du
haut de l'embouchure, en reportant son talweg de
la rive gauche sur la rive droite, l'a fait passer de
la branche principale du courant central d'entrée
au-dessus d'Amfard, à la branche secondaire du
même courant au-dessous de ce banc, d'où est résulté un trouble énorme dans le régime des eaux,

qui a amené le comblement du port de Harfleur,
la rupture de la pointe de la Hève et la division de
la nappe d'eau du Chef de Caux en deux, en une
petite rade et en une plaine marécageuse divisée
par des canaux formés d'eux-mêmes, communi-
quant à la mer, dont on a fait les bassins du port.
On doit être frappé de la précision avec laquelle
une impression en un point de ce faisceau de courants se fait sentir sur tous les autres.

Cet événement a-t-il été heureux par la création
d'un port dans le mouillage du Chef de Caux? On
ne saurait le dire. On ne sait pas assez dans quel
état les lieux se trouvaient à cette époque ; ce qu'il
y a de certain, c'est qu'après le comblement de
tous les ports des environs, on l'a regardé comme
une Providence. C'est pourquoi on l'a appelé Hâvre
de Grâce. La rupture de la pointe de la Hève l'a
doté d'un avantage tout particulier, celui d'un état
de pleine mer de plus d'une heure, le courant venant de la côte d'Antifer s'est divisé en deux, l'un
a continué sa route (nous lui donnons la désignation de courant extérieur ou du large), l'autre s'est
infléchi au sud-est pour pénétrer entre le banc de
l'Eclat et la nouvelle pointe de la Hève. C'est le
courant intérieur. Il a fait sa trouée avec une excessive vigueur, tous les travaux que l'on a voulu
faire pour le barrer ont échoué, il s'est précipité
dans ce qui restait de la belle nappe d'eau du Chef

de Caux qui est devenu la petite rade, mais c'était une poche qui se relevait à peu de distance, dont il ne pouvait sortir sans s'affaiblir, puis il a usé ce qui lui restait de force sur le plateau de galet qui se trouvait à l'entrée du port.

Dans cet état le courant intérieur doit se laisser facilement emprisonner par le courant du large qui l'enveloppe de toute part. Il se forme au milieu de cette enceinte un amas d'eau qui s'élève en tourbillonnant, c'est un remou dans lequel le courant intérieur conserve un mouvement qui le porte sur la tête des jetées du chenal du port qu'il encombre et dont il rend l'abord difficile, et qui envíron trois heures avant la haute mer, au moment où la vitesse des eaux commence à être dans toute sa force qui est de 4 à 5 milles à l'heure en grande moyenne, se continue sous la pression du courant extérieur jusque dans l'anse de Leure et forme sur le rivage de cet anse, ainsi que le long des frons de la floride un contre courant très rapide, dont une partie se détourne au bout de la jetée S.-E. pour entrer dans le port, tandis que l'autre se porte vivement sur la jetée N.-O. le long de laquelle elle forme un courant très houleux qui tend à sortir du chenal, mais que le flot entraîne avec lui, tant qu'il passe rapidement au bout de cette jetée.

Ce mouvement des eaux dure pendant tout le temps que le flot conserve de la vitesse au bout de la jetée, c'est-à-dire jusque vers une heure et demie avant que la mer soit haute dans le port ; mais à cette heure de la marée a lieu le courant de Verhaule qui, à l'entrée du port du Hâvre, se dirige exactement dans le même sens que le contre courant de l'anse de Leure et lui succède immédiatement, avec cette différence toutefois, que la Verhaule double la jetée et se dirige avec vitesse au N.-O.

La rupture de la pointe de la Hève a pu être un évènement heureux ; il n'en a pas été de même de la réunion des courants à la pointe du Hoc. C'était la conséquence de l'état de dépérissement où se trouvait l'embouchure de la Seine qui asséchait sur presque toute sa surface à mer basse, si la direction moyenne du talwey des eaux s'était fixée à l'intérieur, elle ne l'était pas dans un chenal profond, elle était flottante dans une limite assez large pour que les vents pussent lui faire éprouver de nombreuses oscillations. A l'entrée, il y avait plus de profondeur ; mais les oscillations entre la pointe des Neiges et le banc d'Amfard n'étaient pas moins fortes. Les vents les plus violents du Nord-Ouest au Sud-Ouest venaient s'y ruer avec une puissance extrême. Ceux de l'Ouest précipitaient les courants ou les arrêtaient ; les vents du Sud-Ouest de concert avec le courant du Sud de la baie les jetaient sur le Hâvre dont ils mena-

çaient l'existence et leur faisaient éprouver une
pression latérale qui les obligeaient à s'écouler
par des fosses étroites parallèles à la plage qu'elles
remuaient profondément, tous les mouvements irréguliers avaient fait de cet espace un foyer d'agitation qui était la terreur des marins.

On ne peut méconnaître tout ce qu'il y a d'anor-
mal, de forcé, dans l'inflexion que font les courants
à marée montante, comme à marée descendante,
vers la pointe du Hoc, où se concentrent les effets
perturbateurs de leurs mouvements superficiels qui,
soumis aux caprices de tous les vents, y labourent
les fonds et produisent les plus grands troubles
dans la masse des eaux. C'est un danger que M.
de Lalustière, directeur des fortifications, a voulu
faire disparaître en proposant, en 1795, de relier
le banc d'Amfard à la terre ferme par un système
de digues, idée lumineuse bien supérieure à toutes
celles qui ont surgi dans l'intérêt de l'amélioration
de l'importante position nautique du Hâvre.

Nous voilà arrivé à une troisième et dernière
époque, celle de l'endiguement de la Seine. Si l'on
a suivi avec un peu d'attention les études que nous
venons d'exposer sur le régime des eaux de l'embouchure du fleuve, avant qu'on y eût commencé
les travaux d'endiguement, il est facile de se convaincre que la manière la plus rationnelle de faire
rentrer dans une situation normale un état de

chose factice, (quoique l'ouvrage de la nature, mais
d'une nature abandonnée à elle-même) c'était de
rétablir entièrement le courant du centre et celui
d'Antifer dans son chenal primitif au-dessus d'Amfard. C'est celui qui s'est formé tant à l'entrée
qu'à l'intérieur de l'embouchure, lorsque par la
profondeur des eaux, leur écoulement se faisait
sans obstacle, et lorsque ces eaux étaient libres de
prendre la direction que leur imposait la loi de
l'hydrodynamique, dont la position est parfaitement
définie par celle des bancs d'Amfard et du Ratier,
qui ont pu se charger de dépôts mobiles de galets
et de sable, mais qui, eux, n'ont jamais bougé.

Il est bien évident que si, par un moyen quel-
conque, on pouvait mettre entièrement dans son
lit naturel contourné dans le haut de l'embouchure
le courant du centre et combler les fosses entre la
pointe des Neiges et le banc d'Amfard, tout ren-
trerait dans l'ordre. La branche intérieure du courant d'Antifer qui se jette dans la petite rade,
n'étant plus arrêtée que par les fonds élevés qui
se trouvent à l'entrée du port, finirait par les enlever pour se confondre avec le courant du centre,
la petite rade se prolongerait; le Hâvre perdrait
une partie de son état, mais aurait, en compensa-
tion, en avant du chenal de son port, une eau profonde, que l'on étendrait jusque dans l'avant port,
et dans laquelle pourraient tenir, en toute mer, les

plus gros bâtiments.

La petite rade serait abritée, à l'ouest, par une digue construite sur le banc de l'Eclat et par le bord extérieur des hauts de la rade, qui en même temps dirigerait la branche extérieure du courant d'Antifer, de manière à ce qu'il ne pût plus reprendre la direction des fosses comprises entre le banc d'Amfard et la pointe des Neiges, mais qu'il fut obligé de s'identifier avec le courant du centre. Il ne serait plus alors un obstacle au mouvement de la branche intérieure, ni ne l'emprisonnerait. Pour former l'état prolongé du port du Hâvre, le passage de ce dernier courant entre le banc de l'Eclat et la pointe actuelle de la Hève doit être débarrassée de tout obstacle, et même peut-être élargie.

Il y a deux moyens d'arriver à ce résultat: celui de l'endiguement de la Seine et celui du projet de M. de Lalustière. On s'est arrêté au premier, qui a le double avantage d'améliorer la communication d'eau de Rouen à la mer et, dans une limite que l'on ne peut pas encore bien apprécier, la position nautique du Hâvre. Le projet de M. de Lalustière aurait un effet plus restreint, c'est-à-dire que son exécution serait plus dans l'intérêt de l'amélioration de l'entrée de Seine, et par conséquent du port du Hâvre, mais que son action ne s'étendrait pas aussi loin dans le lit du fleuve. Tout porte à croire qu'outre l'endiguement on sera amené à l'adoption d'une partie du projet de M. de Lalustière. Ces deux moyens se compléteront l'un par l'autre.

On peut suivre facilement la marche de l'endiguement sur les cartes marines de 1834, 1853 et 1863, c'est sur celle de 1853 où ses effets commencent à s'énoncer. En la comparant avec la carte de 1834, on trouve que les fonds au-dessus de ceux de 5^m en avant du port occupent moins de place (on le voit très bien sur les cartes spéciales de la brochure de M. Jouglet de Ligne, *Le Port maritime de la Seine*).Le canal entre la pointe des Neiges et le banc d'Amfard se comble, celui entre ce banc et celui du Ratier se prolonge dans les fonds au-dessus de 10^m, mais recule dans ceux au-dessous. Ce canal est le lit naturel du courant du centre sur lequel l'endiguement a eu pour but de diriger le talwey des eaux de l'intérieur de l'embouchure, maintenu entre deux lignes fixes et continues, avec le moins d'inflexion possible, pour donner de la régularité à leur écoulement. C'est un travail dans lequel l'homme a été obligé de dévancer la nature qui tendait à le faire, mais que seule elle n'aurait jamais peut-être pu réaliser.

Il y a cela de remarquable que l'effet de l'endiguement s'est fait sentir de loin. Déjà en 1853 époque où il était peu avancé, le talwey général des eaux avait subi son influence ; et si les fonds au-dessous de 10^m du courant du centre avaient reculé, la raison en est simple : c'est que la mer descendante, en creusant son canal pour l'allonger, avait encombré ces fonds de dépôts que la mer montante rejetait successivement dans sa bifurcation au nord d'Amfard qui abandonnée de la masse des eaux qui y affluait auparavant se comblait de tout côté.

L'action de l'endiguement sur le courant du sud, celui du Calvados, n'est pas moins intéressante à observer sur les cartes. En 1864 il faisait deux inflexions autour de la pointe rocheuse de Villerville, l'une très-faible pour rejoindre le chenal de Honfleur et l'autre bien autrement prononcée, rasant à l'est le banc du Ratier, et entraînant le courant du centre pour le porter sur la pointe du Hoc, contre laquelle il coopérait à maintenir le talvey général des eaux. En 1855, il a quitté complètement cette direction, pour ne conserver que la première, où il se montre bien affaibli. Le chenal de Honfleur, qui avait encore quelques profondeurs en 1854, est presque comblé. Pourquoi? C'est que le courant du centre a pris assez de force pour empêcher celui du sud de passer pour se rendre à la pointe du Hoc, et qu'il l'a refoulé dans le chenal de Honfleur qui est le sien dans l'ordre naturel des choses, et où il n'a pas encore pu recreuser son ancien lit. En 1863, dix ans après, ce lit est bien nettement indiqué, il n'est pas encore à Honfleur mais il ne tardera pas à y arriver.

En 1863, l'endiguement à la pointe de la Roque ; le courant du centre gagne de plus en plus, ses fonds au-dessous de 10^m ou repris en avant, et même un peu plus ; l'espace qu'ils avaient en 1834 ; mais ceux au-dessus ont dépassé la pointe du Hoc. Le canal et les fosses entre la pointe des Neiges et le banc d'Amfard se comblent de plus en plus, l'action des vents du sud-ouest et de l'ouest s'y énonce cependant par la réapparition de la fosse étroite qui longeait la plaine de Leure en 1834 et dont on voyait à peine la trace en 1853. Enfin la surface des fonds au-dessus de ceux de 3^m en avant de l'entrée du port du Hâvre diminue encore et menace d'être coupé à son milieu et l'est déjà à son extrémité ouest par les eaux de la petite rade qui se prolonge.

On ne peut mettre en doute l'effet que va produire l'endiguement. La petite rade va se prolonger en avant du port du Hâvre et se joindre au chenal du courant du centre, qui lui-même se continuant à l'intérieur rencontrera le chenal du courant du sud à peu près à la hauteur du port de Honfleur, auquel il rendra la vie et la prospérité. Cet ensemble de canaux larges et profonds va offrir une des plus belles positions nautiques du monde. C'est un résultat que les faits acquis permettent d'espérer.

Nous avons maintenant à examiner les travaux au moyen desquels on a déjà obtenu de beaux résultats et ceux qui restent à exécuter pour compléter l'œuvre. C'est une étude de la plus haute importance pour la question dont nous cherchons la solution. Les travaux de l'endiguement du débouché de la Seine à la mer sont connexes avec ceux nécessaires au développement de la position nautique du Hâvre. Il est bien à regretter, comme nous allons le voir, qu'on les ait séparés.

Personne plus que nous n'est disposé à reconnaître les services que l'endiguement a rendu, et est destiné à rendre. Les effets de creusement et de comblement qu'il a déjà produits au loin, sont pour nous des données trop précieuses en faveur de travaux semblables que nous avons proposé d'exécuter sur d'autres points du littoral français de la Manche, dont la réussite trouve encore quelques incrédules, pour que nous cherchions à en diminuer l'importance ; seulement nous nous demandons comment on va le continuer, puisqu'il n'empêche pas encore entièrement les mouvements d'eau superficiels qui se portent vers la pointe du Hoc et les troubles qu'ils produisent dans les fosses comprises entre le banc d'Amfard et la pointe des Neiges qui sont déjà comblées en partie, mais que l'on ne paraît pas croire devoir se combler entièrement de longtemps, dans l'état où se trouve actuellement l'endiguement.

Dans l'ordre d'idées qui a prévalu jusqu'à présent, on doit avoir nécessairement l'intention de le prolonger. Nous croyons pouvoir nous permettre de faire observer que c'est le moyen le plus sûr de hâter l'extinction de la nappe d'eau de l'intérieur de l'embouchure, ce qui serait le plus grand malheur qui puisse arriver. On l'a déjà bien assez compromise par des digues continues. Il serait bien préférable d'exécuter de suite le projet de M. de Lalustière, qui consiste à réunir le banc d'Amfard à la terre ferme.

L'examen des effets du courant de Verhaule dans la partie centrale de l'embouchure comprise entre les bancs d'Amfard et du Ratier et l'extrémité de l'endiguement qui, comme nous l'avons déjà indiqué, forme une espèce de bassin à part, va nous donner des enseignements précieux sur cette question. Lorsque les eaux du flot pénètrent par les trois passes comprises entre le Hâvre et Amfard, Amfard et le Ratier, et le Ratier et Villerville, elles acquièrent sous la pression de l'énorme masse liquide de la baie, une très grande vitesse. On recommande aux bâtiments avant d'y entrer d'attendre qu'elles aient molli, parce qu'en sortant des bancs ils seraient jetés dans un sable mouvant où ils pourraient se perdre.

Dans cet état de choses le haut de l'embouchure se remplit très-vite; et il arrive un moment où l'eau n'y peut plus monter, et que cependant le flot n'étant pas encore étal dans la baie, il continue d'y pénétrer, mais par un mouvement qui éprouve un retour sur lui-même un peu avant la pointe de Berville et ce mouvement tournant venait se jeter entièrement, comme nous l'avons déjà dit, sur la pointe du Hoc et suivait la plaine de Leure et la Floride pour entrer dans le port du Hâvre, avant que l'on ait commencé l'endiguement de la Seine; mais depuis les choses se sont bien modifiées, il n'y a pas de changement très-sensible sur la carte marine de 1855; mais sur la carte de 1865 il est très-prononcé: il s'est produit un mouvement d'eau bien remarquable.

Toutes les eaux du courant de Verhaule ne se portent plus sur la pointe du Hoc. Il y en a une partie qui suit encore l'ancienne direction; mais en grande partie elles s'infléchissent avant d'arriver à cette pointe, pour se jeter dans la passe centrale. C'est un fait qui doit s'accentuer de plus en plus chaque jour. Ce résultat est excessivement heureux, parce que le courant de Verhaule aura la propriété d'approfondir le bassin entre Amfard, le Ratier et l'endiguement, sur toute sa largeur; et il faut sur ce point conserver une grande surface d'eau profonde.

Il n'est plus alors nécessaire de continuer l'endiguement, mais de relier la pointe du Hoc avec le banc d'Amfard, au moyen d'une digue qui prendra la direction des eaux; et cette digue il faut l'élever successivement pour ne pas brusquer les changements tant dans les courants que dans les dépôts. L'abandon successif des fosses comprises entre le banc d'Amfard et la terre ferme, par les eaux de Verhaule et de jusan, conduit droit à leur comblement. Du moment où toutes les eaux se réuniront dans la passe centrale et celle du sud, les bancs d'Amfard et du Ratier s'élèveront d'eux-mêmes, la main de l'homme les aidera nécessairement. On voit avec quelle facilité on peut arriver à l'exécution du projet de M. de Lalustière.

On est donc amené en principe par la force des choses au barrage de l'embouchure de la Seine avec deux exutoires, celui du courant central et celui du courant du sud. Que l'on veuille bien y réfléchir. C'est un travail auquel on arrivera de toute manière. C'est notre profonde conviction. Il n'est pas aussi considérable qu'on pourrait le croire s'il est bien conduit. Il faut le laisser faire en grande partie par les eaux en leur donnant une bonne direction.

Le mouvement superficiel du surplus des eaux que la baie de Seine jette dans son embouchure à fin du flot pour former ce que l'on appelle ici le

courant de Verhaule, qui est spécial à la disposition des lieux, a eu une très grande influence sur
leur mouvement général. Il est bien évident qu'il
a été pour beaucoup sur la direction des courants
vers la pointe du Hoc. Il engage ceux du jusan.
Jusqu'à présent il n'a été qu'une cause de trouble.
La navigation a su s'en servir; mais c'est toujours
une navigation souffreteuse. Maintenant, en dirigeant son retour par le procédé bien simple que
nous venons d'indiquer, il va concourir d'une manière toute particulière au but général de la constitution maritime de l'entrée de Seine.

On se demande si, avant de faire entrer l'endiguement dans l'embouchure, il n'eut pas mieux
valu rattacher de suite le banc d'Amfard à la pointe du Hoc. Toutes les eaux en se portant dans la
grande passe du centre, auraient peut-être mieux
fixé la direction de l'endiguement dans le haut de
l'embouchure; mais il faut dire que l'endiguement
poussé jusqu'au point où il se trouve, rendra plus
plus faciles les travaux destinés à fermer les fosses comprises entre ce banc et la terre ferme, qu'il
a déjà contribué à combler en partie. Il n'y a rien
du reste de compromis, mais il est temps d'aviser.

On le voit, comme nous en avons déjà fait l'observation, les intérêts de la navigation de la Seine
sont connexes avec ceux de la position nautique
du Hâvre. La nappe d'eau intérieure du centre de

l'embouchure que l'on devra conserver la plus
étendue et la plus profonde possible, donnant une
forte masse d'eau pour le maintien du chenal du
courant principal qui assure la communication
avec la mer, sera une magnifique rade fermée
pour Rouen comme pour le port du Hâvre, avec
lequel il sera facile de se relier.Le courant intérieur
d'Antifer de flot et de jusant acquerra par ce fait
toute la puissance nécessaire pour enlever le galet qui se trouve en avant de l'entrée de ce dernier port. Il en résulte un approfondissement qui
gagnera l'avant-port que l'on sera libre alors d'a-
grandir autant qu'on le voudra. La place ne man-
quera pas.

La digue,sur le banc de l'Eclat et les hauts de la
rade, coopérera à cet approfondissement, et en
outre, couvrira la plage du Hâvre et l'entrée de
son port dans lequel les bâtiments pourront entrer
en toute sécurité. Deux faits importants. La pointe de la Hève sera mieux garantie, car ce sont les
vents du large qui lui donnent les plus vigoureux
assauts. Les craintes de M. de Lamblardie de voir
la ville du Hâvre tournée un jour par le courant
d'Antifer, sont chimériques. On ne peut pas dire
que l'ouverture entre le banc de l'Eclat et la pointe de la Hève n'augmentera pas avec le temps,
mais jamais assez pour que ce courant fasse une
trouée dans l'intérieur des terres. On peut consi-

dérer la plage de la ville comme à peu près fixe, malgré les remuements qu'elle éprouve. Il n'y a que la partie de calcaire crayeux de la pointe de la Hève qui soit sérieusement attaquée. Or la courbe qu'elle forme est déjà assez aplatie pour que la pression du courant du littoral sur sa base soit atténuée de telle sorte que l'on n'ait pas à y craindre quelque grande destruction. On pourra du reste un jour, lorsque l'on n'aura plus rien de pressant à faire, élever au pied des falaises une digue en forme de courbe aplatie, bien suffisante pour se mettre à l'abri de tout accident; mais, nous le répétons, nous ne regardons pas ce travail comme de première urgence.

On ne peut pas trouver une étude de courants d'un plus haut intérêt que celle qu'offre la baie et l'embouchure de la Seine, et qui en même temps conduise à des résultats plus importants. On peut les diviser en courants réguliers des eaux profondes et irréguliers des eaux superficielles; les premiers sont dûs à la marche naturelle des eaux suivant la forme générale du terrain à une époque où leur masse était assez considérable pour se faire leur place indépendamment des actions extérieures; les seconds sont dûs à des causes accidentelles, à des atterrissements mal reportés, aux caprices des vents tous puissants sur une onde variable et moyennement peu profonde qui ne pouvait leur opposer qu'une faible résistance. Le problème à résoudre est de rétablir les courants réguliers dans leur lit, ce qui exige une grande connaissance du régime des eaux dans cette région.

Les matériaux à employer pour faire les digues, les levées et tous les atterrissements de main d'homme, doivent être semblables à ceux que la nature a mis elle-même en œuvre. Il faut examiner attentivement la composition des bancs de l'Eclat, d'Amfard et du Ratier, qui ont résisté à tous les assauts de la mer. Leur base est un dépôt argileux, d'après les sondes qui en ont été faites. Quelques personnes la croient de roc; nous ne le pensons pas. En tous cas, nous ne voulons pas établir de discussion sur ce sujet; tout ce que l'on peut dire c'est que ce serait un singulier hasard qu'il se soit trouvé des bancs de roc juste au point où se sont formés des dépôts, exclusivement l'ouvrage des courants.

Les trois bancs fixes de l'Eclat, d'Amfard et du Ratier, présentent à leur partie supérieure un magma de galets et d'argile plus ou moins colorée suivant sa provenance. Sur le banc de l'Eclat elle est presque blanche. Le fait est remarquable sur les plages et sur tous les points où le galet est fortement remué. Il est seul complètement délavé. C'est l'indice de mouvements d'eau irréguliers; et partout au contraire où il s'est fixé, il est pris dans une gangue plus ou moins argileuse, sur laquelle l'eau n'a pas de prise. C'est la conséquence des courants dont il faut imiter le travail, d'autant plus que les matériaux se trouvent presque toujours sur place. Lorsqu'on n'a pas de galet on le remplace par la pierre; néanmoins le galet est préférable à la surface parce qu'il est plus lisse. Des digues, composées d'un mélange d'argile et de galet, bien établies, ne sont pas toujours à l'abri des coups de mer qui y font des trouées plus ou moins profondes. Il faut les boucher avec des saussaies artificielles dont l'emploi est souvent couronné de succès. Nous reviendrons plus loin sur cet important sujet.

Tels sont les principes sur lesquels nous paraît devoir reposer l'exécution des travaux à l'entrée de l'embouchure de la Seine, tant dans l'intérêt de la navigation du fleuve, que dans celui du développement de la position nautique du Hâvre. Ils ont un caractère de vérité et de grandeur, et en même temps de simplicité que l'on ne peut méconnaître.

DEUXIÈME PARTIE.

LITTORAL
du Cap d'Antifer à Dunkerque.

Nous avons déjà traité une partie de cette question, du cap d'Antifer au cap Gris-Nez, dans le travail que nous avons publié en 1867 sur les ports de refuge à établir aux baies de Canche, d'Authie et de Somme. Ce n'est pas que nous ayons à revenir sur les principes que nous avons cherché à poser, tout au contraire les affirme de plus en plus chaque jour ; mais nous avons quelques nouveaux détails à ajouter, et nous en aurons probablement encore d'autres de temps en temps. On ne peut pas avoir la prétention que rien ne vous ait échappé dans ces sortes d'études. Nous complétons notre premier travail par la partie comprise entre le cap Gris-Nez et Dunkerque qui a de nombreux rapports avec lui, dont M. Jouglet de Ligne a déjà parlé dans son mémoire intitulé la *Rade de Dunkerque*, publié en 1864. Nous avons la satisfaction de pouvoir dire que rien jusqu'à présent n'est venu contredire nos premières pensées.

Le cap d'Antifer est le point de partage de deux

courants qui vont en sens inverse: l'un au sud-ouest, poussé par la masse d'eau de la baie de Seine, vers son embouchure ; l'autre, qui vient de Barfleur et se continue au nord-est le long de la côte du bassin de la Somme. Tous les deux coulent au pied de falaises de calcaire crayeux mélangé de couches de rognons de silex, que la vague et la gelée font tomber, et qui, roulés par la mer, donnent le galet et le sable. Ces débris sont entraînés par les courants dans des directions différentes, et cependant les vents régnants sont les mêmes. Ils sont presque tous contraires à celui qui se dirige sur la Seine et favorables au courant qui va sur la Somme. M. de Lamblardie, qui attribue le transport du galet à l'action des vents, admet que le premier est garanti des vents du sud-ouest qui lui sont les plus opposés par la côte élevée du Hâvre à Barfleur, mais il a même contre lui les vents d'ouest. Il n'est pas possible de se rendre à de pareilles raisons.

L'effet du courant du littoral de la Manche s'est fait sentir sur la côte rongée comme sur la côte atterrie. Il en a réglé la direction tout autant que le lui a permis la plus ou moins grande solidité de la base de terrain oolithique. Du cap de la Hève au cap d'Antifer, du cap d'Antifer au Bourg d'Ault, du cap d'Alprech au cap Gris-Nez, et enfin du cap Gris-Nez à Sangatte, les falaises présentent, sur leurs inflexions, une succession de lignes presque droites, qui n'ont de saillies sur quelques points, comme près de Dieppe, que par suite de bancs de roc plus résistants des couches inférieures que la mer a mis à découvert et qu'elle n'a pas encore pu niveler.

Sur la côte atterrie l'action du courant est complète. Rien ne peut lui résister. C'est sur cette partie du littoral sur laquelle va se porter principalement notre attention, comme la plus apte à nous donner, ce que nous cherchons, des positions nautiques susceptibles de recevoir des ports de refuge qui exigent le moins de travail de la main de l'homme.

Nous n'avions observé jusqu'à présent que deux époques à la formation des atterrissements du bourg d'Ault au cap d'Alprech et de Sangatte à Dunkerque. Nous venons d'en reconnaître une troisième d'autant plus certaine pour les derniers que nous les avons vus parfaitement indiqués sur un plan nivelé. Avant que le roc de Cayeux ne se fut soudé à la terre ferme, le courant de flot, à partir du bourg d'Ault, continuait d'entraîner le galet le long des côtes de l'ancien sol, qu'il n'a pas eu le temps d'entamer aussi profondément que celles qui s'étendent jusqu'au cap d'Antifer et la pointe de la Hève. Arrivé au cap Cornu à l'ouest en avant de Saint-Valery, il a dû suivre deux directions : l'une du bord, celle qu'il avait sur Favières, puis par un détour à l'embouchure de la Maie, se porter à l'est de Rue par le banc qui commence à Lannoy et se continue jusqu'à la hauteur de Vercourt et peut-être jusqu'à Bretagne, et là, par un nouveau détour, à l'embouchure de l'Authie, doubler la pointe élevée des coteaux de Collines qui, à cette époque, était en pleine mer et présentait un cap comme le cap Cornu. Voilà la première époque nécessairement la plus ancienne.

Lorsqu'il se fut formé des atterrissements sur les deux rives de la Maie, dont on voit encore les traces, et qu'il ne fut plus permis au courant de flot du littoral de suivre sa première voie, il a changé de direction au cap Cornu même, à l'embouchure de la Somme, et s'est porté en ligne droite en avant du cap de Colline-Beaumont, par le banc du Crotoy à Quend, morcelé pour laisser passer les eaux de la Maie et de l'Authie. C'est la seconde époque. Pendant ces deux époques le courant a continué sa marche vers le nord au pied des pentes douces de l'ancien sol, où le chemin de fer de Boulogne est établi jusqu'à Dannes, puis a doublé le cap d'Alprech et celui de Gris-Nez; et après avoir suivi la côte de Boulogne et celle de Wissant, est arrivé à la pointe de Sangatte. Là, le courant a pris aussi deux directions. Il a dû d'abord nécessairement suivre le pied des collines de l'ancien sol de Sangatte à la pointe Rouge-Cambre. A cette époque la pointe de Sangatte était plus arrondie et la côte moins rongée près du cap Gris-Nez, les hauts de Coulogne et de Guemps qui sont sur cette direction, et il n'y en a pas d'autres, vers les points sur lesquels il a déposé les matières qu'il portait en suspension dans ses eaux. Leur forme sur le plan nivelé des environs de Calais est bien belle. D'anciens bancs se prolongent sur le mamelon d'Audruick. Cette direction du courant est celle de la première époque.

Lorsque la formation du banc de Coulogne et de Guemps eût empêché le courant de continuer de prendre cette direction, il fut obligé de s'en créer une autre. Elle est indiquée par le banc de galet qui va de Saint-Pierre-lès-Calais à Marck, la position de Bourbourg et la partie saillante du mamelon sur lequel est assis la ville de Bergues, C'est la direction de la seconde époque, celle du transport du galet sur presque tout le développement de ce littoral. On le voit partout jusqu'à Marck. Et c'est encore ici le cas de faire remarquer que depuis le cap Cornu de Saint-Valery jusqu'au cap Gris-nez, le courant avait contre lui les vents d'ouest et de nord-ouest.

Nous arrivons à la limitation de la troisième époque de la côte atterrie, à la formation du rivage actuel. La première observation à faire, c'est qu'il est en ligne droite du bourg d'Ault au cap d'Alprech et au cap Gris-Nez, et de Sangatte à Dunkerque et au-delà. Nous avions d'abord considéré pour la première partie le roc de Cayeux, la position du bourg de ce nom, comme un point fixe, sur lequel les autres points le bourg d'Ault, le cap d'Alprech et le cap Gris-Nez s'étaient alignés. C'est le contraire qui paraît s'être produit. Le roc de Cayeux, comme on l'appelait anciennement, n'est pas une roche détachée des couches inférieures du terrain oolitique, ou au moins nous n'en avons aucune preuve. C'est un amas de cailloux ou plutôt de galets qui lui au contraire s'est aligné sur les trois autres points.

Le roc de Cayeux est un banc qui s'est formé à l'entrée de l'embouchure de la Somme, comme celui du Ratier à l'entrée de Seine, entre le courant du sud et celui du centre de la baie, avec cette différence que ces deux derniers courants n'ayant pas des directions aussi opposées que leurs analogues à l'entrée de la Somme, le Ratier a pu rester séparé de la rive de Villerville, tandis que le roc de Cayeux devait forcément se rattacher un jour ou l'autre à l'ancien sol ; et c'est lorsque ce mouvement est arrivé que le courant du littoral qui est le courant sud de la baie de Somme a changé de direction à partir du bourg d'Ault et s'est porté sur le cap d'Alprech, et qu'il a aligné toute la côte jusqu'au cap Gris-Nez. C'est ce mouvement général qui a limité le roc de Cayeux du côté de la mer.

La formation de la côte actuelle du nord de la France jusqu'à l'embouchure de la Meuse est basée sur la dernière direction qu'a prise la falaise entre le cap Gris-Nez et Sangatte et sur la position nautique de Dunkerque lorsqu'elle est sortie des eaux.

Lorsque l'on jette les yeux sur la carte hydrographique des fonds de la Manche à la sortie du détroit du Pas-de-Calais et à l'entrée de la Mer du Nord (celle qui se trouve dans l'ouvrage de M. Plocq, par exemple, qui, quoique sur une petite échelle, représente bien l'état des lieux qu'elle résume) on a, par la disposition des bancs, à peu près la représentation du mouvement des eaux. On comprend qu'en sortant du détroit elles se soient divisées en une multitude de filets en forme d'éventail. Ceux du centre n'ont presque pas formé de dépôts sur leur parcours. Ils n'emmènent pas de matières avec eux. Les bancs du large, et ils ne sont pas nombreux, sont dûs à des mouvements giratoires du littoral. Les filets latéraux au contraire, qui suivent les côtes et en entraînent les débris, ont formé sur la rive anglaise comme sur la rive française des bancs d'autant plus considérables qu'ils perdaient plus leurs forces en s'étalant et sous l'influence opposée du flot de la Mer du Nord, d'autant plus prononcé qu'ils y pénétraient plus avant.

C'est la cause première à laquelle on doit cette série de bancs et de fosses qui se trouvent en avant de la position nautique de Dunkerque et la constituent, que l'on peut considérer comme les stries d'une masse énorme de dépôts de sable fin, qui ne se correspondent pas, par suite du croisement de courants séparés que la pression latérale des vents de nord-ouest a produit dans l'onde venant de la Manche et dans celle venant de la Mer du Nord. Ces bancs qui d'abord sont parallèles au littoral s'inclinent ensuite vers le nord par l'effet du jusan de cette mer et du gain de flot de la Manche qui quelquefois se confond avec lui.

Pendant que ces dépôts se forment petit à petit, le courant de flot du littoral continue son mouvement au pied des collines de Bergues, de l'ancien sol, sur un large espace représenté par les bassins des Moïres, mais il ne tarde pas à être dévié et même arrêté par les atterrissements que forment les eaux de la vallée qui enveloppe la ville de Bergues, auxquelles viennent se joindre celles de la vallée de l'Aa entraînées, après la mer haute, en jusan, par le gain de flot de la Manche, cette masse d'eau qui occupait alors les vallées sur toute leur largeur et n'était pas réduite au simple filet qui s'écoule maintenant dans les cours d'eau, se portait, pour se rendre à la mer, au point où est le port de Dunkerque, au bord des deux premiè-

res fosses les plus près de la terre ferme, dont l'u-
ne était la fosse de Mardick et l'autre est la rade
de cette position nautique.

Cet état de choses est parfaitement indiqué
sur les lieux par les canaux qui, de l'Aa,
se rendent à Dunkerque, qui ne contiennent plus
que de minces filets, restes des masses d'eau qui
se dirigeaient sur ce point, que l'on voit encore en
partie au moment des pluies lorsque la plaine est
inondée. Ces masses d'eau, au milieu de leurs atterrissements, s'étaient créés des lits qui sont les
canaux, et un chenal large et profond qui les réunissait, qui est le port, et en outre avaient augmen-
té les proportions des deux fosses dans lesquelles
elles se jetaient. Dans ces conditions le courant du
flot de la Manche de la deuxième époque, embar-
rassé dans ses mouvements qui n'étaient plus que
superficiels, a changé de direction et a pris celle
qui du cap Gris-Nez et de Sangatte s'alignait sur les
fosses de Dunkerque et l'a continué jusqu'à l'embouchure de la Meuse.

C'est alors que s'est dessinée la délimitation de
la troisième époque des atterrissements et que
s'est formée la côte actuelle, qui n'a de galets que
depuis le bourg d'Ault jusqu'au Hourdel à l'entrée
de Somme, et se trouve être entièrement de sable
fin sur le reste de son développement.

Voilà, donc, bien établi que l'ossature, si l'on

peut s'exprimer ainsi, au milieu de laquelle s'est effectué le comblement de la côte attérie, par la formation tourbeuse et le colmotage, soit au moyen de dépôts argileux provenant de l'ancien sol, soit de dépôts de sable venant de la mer, se compose de bancs produits à trois époques différentes par le courant de flot du littoral de la Manche, avec les débris de la côte rongée, suivant une direction, que n'ont jamais pu faire dévier de la ligne droite, les assauts les plus violents de la mer montante en pénétrant dans les baies, pas plus que l'action corrosive des eaux descendantes, animées de grandes vitesses. La puissance du courant de la Manche est telle que, quelle qu'ait été la masse première de ces eaux, il finit par la réduire à un simple cours d'eau lorsqu'elle est abandonnée à elle-même.

Nous avons fait à part l'histoire des bancs produits par le courant du littoral. Pour que l'on saisisse bien l'ensemble, nous allons faire celles des eaux montantes et descendantes qui les traversent, qui sont de deux espèces: les eaux des vallées et celles des nappes d'eau que les bancs ont saisi entre eux et entre la terre.

On a vu dans notre premier ouvrage, que les vallées qui débouchent dans la Manche, formaient à l'origine de larges canaux pénètrant profondément dans les terres, suivant une direction presqu'en ligne droite, c'est un fait que l'on rencontre quelquefois près de la mer, mais qui est spécial à la constitution géologique de ce pays, dont le sol a peu de consistance, les ruptures de la croute terrestre n'y ont pas laissé des traces de déchirures aussi prononcées que dans le bassin de la Seine depuis Paris jusqu'à Quillebœuf.

On comprend que dans cet état de choses toutes les vallées et surtout les principales, telles que celles de la Béthune, de la Bresle, de la Somme, de l'Authie, de la Canche, de la Liane et de l'Aa, devaient recevoir de la mer et lui rendre d'énormes quantités d'eau qui par leur mouvement de va et vient produisant des chasses naturelles puissantes ont entretenu pendant longtemps, à leur entrée, des passes profondes et laissé à la navigation une grande liberté d'action, en mer basse comme en mer haute.

Avec le temps, le courant du littoral de la Manche a formé aux embouchures des bancs ou barres qui, tant qu'elles n'ont pas pris trop de développement et n'ont pas porté atteinte à la profondeur des eaux, ont été plutôt un bien qu'un mal, parce qu'elles donnaient un abri contre la tempête et les attaques des bandes de pirates qui, à plusieurs reprises, ont infesté ces mers, et permettaient d'y constituer des établissements. Ce moment doit être celui des bancs de la première et de la deuxième époque, et cela se voit surtout à l'embouchure de la Somme, de la Maie et de l'Authie. Le banc de la deuxième époque, qui va de Saint-Valéry à Quend, sur lequel se trouve le Crotoy, avait trois passes pour les trois cours d'eau et formait une magnifique rade couverte on ne peut plus favorable à la navigation. Aussi n'est-on pas étonné de trouver sur ce point tant de restes de centres d'habitation considérables qui ont laissé un nom dans l'histoire, tel que Britannia. Que l'on cherche bien loin, et l'on ne trouvera pas facilement une position nautique qui offre d'aussi heureuses conditions.

Les nappes d'eau commençaient à l'encombrer, à l'intérieur, par des dépôts argileux, et à leur débouché sur la mer, par des barres ; mais il y existait encore une assez grande masse liquide pour maintenir de la profondeur aux passes et même autour de ces barres. La preuve c'est qu'ils se couvraient d'habitations. On peut croire que c'est à ce moment que ce sont établis sur ces bancs, la ville de Dieppe, le Crotoy, Rue, Quend-le-Vieux et Quend-le-Jeune, etc. Les populations recherchaient les points les plus rapprochés des eaux profondes ; c'est la raison pour laquelle Saint-Valéry, Etaples et aussi Colline-Beaumont au pied d'un escarpement rocheux au débouché de l'Authie, de l'ancien sol, ont été habités de bonne heure.

Le banc de galet de la deuxième époque formait aussi une très-belle rade à l'embouchure de la Canche, car d'Etaples à Montreuil on trouve aussi de nombreux restes d'habitations anciennes.

Au nord, le banc de la première époque, indiqué par les hauts de Coulogne et de Guemps, couvrait la nappe d'eau que représentent actuellement les marais de Guines et d'Ardres, qui devait former un magnifique mouillage, les eaux étaient profondes, car celles des étangs d'Ardres sont encore à plusieurs mètres au-dessous du niveau des basses mers. Guines et Ardres étaient des ports de mer.

C'est surtout Saint-Omer qui devait former une position nautique du plus haut intérêt, située dans l'intérieur des terres, il y avait là encore des eaux bien profondes, celles des étangs en sont un gage certain. Malheureusement le chenal qui les conduisait à la mer était trop long pour que leurs chasses pussent le conserver au milieu des alluvions qui venaient l'envahir de tous les côtés.

Bergues est une ancienne ville qui a été un port important. Le bassin du Schelvliet lui donnait un beau mouillage qui a dû se maintenir même après la formation du banc de la deuxième époque sur le prolongement de celui de galet qui va de Saint-Pierre-lès-Calais à Marck, parce que les eaux de ce bassin, jointes à celles de l'Aa qui se dérivaient de ce côté à Wattin, ont dû conserver au mouillage une passe à travers ce banc. Le monticule sur lequel se trouve le village de Bierne, près de Bernes, à 8^m 60 au-dessus des basses mers, a dû être une barre de la première époque du bassin du Schelvlier.

Les bancs de la 2me époque n'ont pas apporté de profondes perturbations. Au régime primitif des eaux, elles étaient encore profondes, et il en était surgi de nombreux abris. C'était le beau temps de la navigation La population maritime était nombreuse, elle vivait principalement sur leurs bords où se trouvaient les communications les plus faciles, l'intérieur du pays était couvert de bois épais. C'est principalement à partir de la formation de la troisième époque qu'il se produit de grands changements à cette situation nautique, aussi bien sur la côte rongée que sur la côte atterrie; mais c'est sur cette dernière que leur marche est plus facile à saisir, les époques sont plus distinctes, au lieu que sur la côte rongée elles se confondent et ne paraissent en former qu'une seule. C'est par elle que nous allons commencer.

COTE RONGÉE.

Les vallées de la côte escarpée se barrent de plus en plus. Les envahissements de la mer mettent à nu la base rocheuse des couches

supérieures, sur une large zone, sur laquelle les
bancs trouvent une assiette solide. Les fonds produits par les ruptures de la croute terrestre à travers ses couches inférieures se comblent, et en
certains points même on en perd la trace. Ainsi,
à Boulogne, pour avoir dans le chenal du port des
profondeurs au-dessous des basses mers, on est
obligé de creuser le roc.

La ville de Dieppe se trouve batie sur la barre
elle-même qui nécessairement a pris beaucoup de
largeur, de sorte que la belle nappe d'eau qui couvrait primitivement la vallée de la Béthune sur une
grande surface et qui donnait de puissantes chasses naturelles, s'est trouvée encombrée à son débouché à la mer par des constructions qui en ont
amoindri successivement les effets. Il est important que les chasses se fassent le plus près possible
du point où elles doivent agir, et il leur faut un
grand volume d'eau pour qu'elles aient de la continuité. Or, le volume diminuait tous les jours par
le colmotage intérieur que la main de l'homme
développait dans un intérêt agricole mal entendu
dont on sait maintenant apprécier les inconvénients.

Tous les ports de la côte rongée, depuis le cap
d'Antifer jusqu'au bourg d'Ault, et depuis le cap
d'Alproch jusqu'à Sangatte, sont depuis longtemps
à peu près dans le même état. Ils n'ont plus assez
d'eau pour maintenir la profondeur des passes par

des chasses naturelles ; et l'auraient-ils, qu'elles
seraient sans effet, étant arrêtées à chaque instant
dans leur marche par des avant-ports, des bassins
à flot et toute espèce d'autres constructions qui
sont mal placées, qui doivent être sur le côté des
bassins de chasse et non en avant. Elles ne doivent
gêner en rien leur action. C'est un état de choses
que l'on ne pourrait rétablir qu'avec des dépenses que l'on ne sera pas en mesure de faire de
quelque temps.

Toutes ces questions ont été mal engagées de
bonne heure. On a laissé dépérir par négligence, et
il faut le dire aussi par impuissance, un heureux
état de choses dont les populations gardent le sou-
venir et qu'elles espèrent voir revenir. Les sables
et les galets du côté de la mer et les atterrissements vaseux auxquels la main de l'homme n'était
pas étrangère du côté de la terre, se sont étendus
de plus en plus dans l'intérieur des baies, pour diminuer successivement la masse de leurs eaux.
D'un autre côté, les habitants envahissaient le
moindre morceau de terre que la mer venait à dé-
couvrir. Tout concourait à la perte de ces malheu-
reuses positions nautiques, et ce n'est que lorsque le mal fut arrivé à ses dernières limites que l'on
a eu la pensée d'y porter remède par des travaux·
C'est une dernière époque dont la date n'est pas
éloignée de nous.

Le premier besoin fut de débarrasser les passes
des dépôts qui les encombraient avec les chasses
naturelles dont on pouvait encore disposer; mais
comme elles avaient diminué le volume, il fallut
aussi diminuer la largeur du chenal au moyen de
digues solides, susceptibles de donner de la stabilité à la direction des eaux. On ne tarda pas à s'a-
percevoir de l'impuissance de ce moyen. Les dépôts que l'on enlevait de l'intérieur du chenal allaient se reformer à l'extérieur de son débouché
dans la mer, parce que la chasse n'était pas assez
forte et qu'elle s'affaiblissait encore par leur parcours dans un long canal.

On crut pouvoir obvier à ces inconvénients par
le prolongement des jetées en mer, pour y aller
chercher de plus grands fonds ; et par la création
de bassins de chasse plus près de ces fonds, on en
retenait les eaux à mer haute, par des portes bus-
quées, pour les lacher à mer basse, espérant com-
penser la faiblesse du volume des eaux par l'impulsion qu'elles relevaient de leur chute, ce qui
constitue les chasses artificielles.

Les chasses artificielles que l'on emploie encore
sur beaucoup de points furent en vogue pendant
un certain temps ; elles n'eurent cependant pas le
résultat sur lequel on comptait : elles s'enfoncent
dans le sol à peu de distance des écluses, y forment
poche d'où elles sortent affaiblies et plus chargées

de matières. Le prolongement des jetées a aussi l'inconvénient d'arrêter celles que le courant de la Manche entraîne avec lui, et de les accumuler à leur extrémité. Une partie de ces matières entre dans le chenal avec le flot et n'en ressort pas toujours avec le jusan, et l'autre la dépasse, et y est ramené par le remou qui se fait de l'autre côté.

Le courant du littoral de la Manche n'a jamais cessé et ne paraît pas devoir cesser de longtemps d'entraîner du sable et du galet avec lui. C'est un fait constaté depuis longtemps et confirmé de nos jours, tant sur la côte anglaise que sur la côte française. Vouloir retenir ces débris de la côte rongée, c'est changer le régime de la plage sans aucun profit ; mieux vaut les laisser passer : ils se répartissent sur toute sa longueur suivant sa direction naturelle ; aussi les épis n'ont jamais produit ce que l'on en attendait.

Depuis quelques années, M. Plocq, dans cet ordre d'idées, emploie contre le banc qui se forme à l'entrée du chenal du port de Dunkerque, le moyen des guide-eaux qui, sous des prolongements de jetées mobiles dont le but est de maintenir aux chasses leur action en mer par un changement de direction qui se conforme au mouvement du flot ou du jusan. Ce procédé, qui n'est pas sans présenter des difficultés dans l'exécution, a des avantages réels, bons à apporter quelques améliorations à des travaux existants imparfaits, mais non à changer leur nature et à leur donner une valeur qu'ils ne peuvent avoir, où on peut du reste utiliser ce procédé aussi bien dans le cas des chasses naturelles que dans celui des chasses artificielles.

Tous ces moyens pour obtenir des fonds au-dessous des basses mers ne sont que la constatation de la décadence où étaient tombées les anciennes grandes nappes d'eau dont ils sont loin d'avoir remplacé les effets, et de l'impuissance où l'on était de les reconstituer. C'est une prétention que l'on ne peut même pas avoir à notre époque où l'on possède tant de ressources pour l'exécution des grands travaux ; mais on a une tendance de plus en plus prononcée, tant en Angleterre qu'en France, à revenir à leur principe, c'est-à-dire au principe des chasses naturelles, et cela par des voies différentes.

Le littoral anglais, qui fait face au nôtre de l'autre côté du détroit, est semblable à celui compris entre le cap d'Antifert et le bourg d'Ault, et entre le cap d'Alprech et Sangatte. C'est presque partout une côte escarpée que la mer a rongée. Il n'y a pas une côte atterrie comme celle qui existe du bourg d'Ault au cap d'Alprech qui arrête le galet. Aussi leurs ports en sont-ils très incommodés. Ils n'ont pas cherché comme nous à l'écarter par des chasses artificielles, probablement parce qu'ils n'ont pas foi en leur efficacité. Ils ont pensé que pour avoir des fonds abrités au-dessous du niveau de la mer, il fallait les prendre sur le large ; en conséquence, ils ont établi, sous une plus ou moins grande inclinaison sur le littoral, des jetées en forme d'épis.

Les ports des Anglais ne sont pas soumis aux mêmes vents que les nôtres. Leur but était d'arrêter le galet, mais ils ont bien vite reconnu l'inanité de leurs efforts. Il s'accumulait contre les jetées où il formait un poulier d'autant plus considérable qu'elles avaient plus de longueur ; il arrivait un moment où il passait outre et venait combler le mouillage qu'elles abritaient, néanmoins ils ont continué leurs travaux. Il est bien évident que la construction de ces jetées était à leurs yeux un moyen transitoire.

On trouve sur une carte de l'Amirauté Anglaise de 1844, confirmée par d'autres plus récentes, deux projets de grands ports de refuge destinés à la position nautique de Douvres, qui consistent en des nappes d'eau, prises sur la mer, au moyen d'enveloppes formées de gros blocs de pierre. La première se compose d'une grande digue parallèle au littoral, réunie à ses extrémités, au rivage, par deux jetées en forme d'épis, dans lesquelles on a ménagé contre la digue deux passes pour les communications du mouillage et l'écoulement du courant, dans le but de maintenir les fonds, qui sont généralement rocheuse sur cette côte.

La seconde enveloppe est moins aplatie, est plus en saillie sur la mer, elle est plus fermée, elle n'a qu'une passe principale sur la partie de son enceinte la plus avancée vers le large, elle en a une à l'est, mais plus petite et secondaire. Cette disposition est toute différente de la précédente. Ici les fonds sont entretenus par les chasses naturelles de la marée, après qu'elle a rempli le bassin. C'est cette dernière que les Anglais paraissent avoir adopté. La raison est qu'ayant déjà commencé la jetée de l'ouest dans le but d'arrêter le galet, ils l'a prolongent au fur et à mesure qu'il avance. Ils ont déjà un abri sans être obligé de faire de suite la dépense entière de la construction. Ils ont déjà exécuté en petit un semblable projet à Ramsgate.

Voilà donc les Anglais en voie d'organiser de grandes nappes d'eau destinées à donner des chasses naturelles pour avoir des abris dans lesquels on puisse entrer en tout temps, en basse comme en haute mer, et cela dans les plus mauvaises conditions. La nécessité d'avancer beaucoup les enveloppe en mer, les expose à la violence de tous les éléments. Il leur faut beaucoup de solidité pour résister à la pression du courant du littoral. Dévié de sa direction naturelle qui accumule contre elle des masses énormes de galets et en fait pénétrer dans l'intérieur de son enceinte. Il a fallu des circonstances bien impérieuses, pour les amener à l'exécution difficile d'aussi vastes travaux. Mais du reste, ils n'avaient pas le choix. Les deux projets de Douvres sont les deux seuls procédés auxquels on puisse avoir recours, lorsque l'on veut obtenir un abri sous des fonds au-dessous des basses mers, quand ces fonds sont solides et inattaquables par les chasses. C'est ce qui a lieu sur la côte rongée de France, comme sur celle d'Angleterre. Voilà où a conduit l'abandon des nappes d'eau intérieures. C'est maintenant sur beaucoup de points un mal irréparable.

Nous avons une observation à faire sur le premier projet de Douvres, celui de la digue parallèle au littoral, c'est qu'il faut éviter les jetés Est et ouest en forme d'épis. Une fois que le galet est assi entre-elles, le courant ne peut plus les enlever, que par leur destruction. Revenons maintenant à la côte atterrie.

COTE ATTERRIE.

La formation des bancs de la troisième époque a apporté de très grands changements à la constitution de la côte atterrie, comme nous en avons déjà fait l'observation. Elle a atteint les nappes d'eau d'un grand nombre de positions nautiques qu'elles alimentaient, telles que Rue, Britannia, les deux Quend, Colline-Beaumont, Waben, aux embouchures de la Maie et de l'Authie, toutes celles qui se trouvaient à l'embouchure de la Canche, Guines, Ardres, Saint-Omer, Watten et Bergues, toutes, à l'exception de Rue et des deux Quend, à la limite de l'ancien sol.

Il n'est resté du bourg d'Ault au cap d'Alprech, en fait de ports des deux premières époques, que Saint-Valery-sur-Somme, le Crotoy et Etaples, Saint-Valery et Etaples sur l'ancien sol, de la formation qui a précédé notre époque géologique, le Crotoy sur le terrain récent, atterri. De Sangatte à la frontière belge sur le littoral nord de la France, il n'y a plus que des ports nouveaux : Calais, Gravelines et Dunkerque.

Du bourg d'Ault au cap d'Alprech, la zone atterrie n'est pas aussi large. Les vallées de Somme, de Canche et d'Authie, surtout les deux premières ont toujours eu un mouvement d'eau plus considérable. Elles avaient les eaux qui leur étaient propres, et en outre celles des nappes d'eau qui s'étaient formées le long de la côte, entre le banc de la troisième époque et la terre ferme. Ces dernières avaient dû être considérables, surtout des deux côtés de l'embouchure de la Somme où l'Au-

thie même a dû s'épancher à certain moment. Toutes les nappes d'eau secondaires du pied des collines
de l'ancien sol sont venues s'y perdre. La Canche
jouissait des mêmes avantages, à un moindre degré
il est vrai, et c'est l'Authie qui a été la moins bien
partagée ; néanmoins, ces eaux se sont fait un passage à travers les bancs, pour arriver le plus directement à la mer. Ce sont les cours d'eau qui
ont le plus longtemps conservé leurs eaux et les
seuls qui aient encore des nappes d'eau aussi étendues à leur embouchure. Il n'est pas surprenant
qu'ils aient conservé leurs anciens ports.

De Sangatte à Dunkerque, il n'y a qu'une vallée de quelqu'étendue, celle de l'Aa, dont la direction ait pu influencer celle des eaux de flot qui,
en montant, se sont précipitées dans la gorge de
Watten pour aller remplir le bassin de St-Omer,
mais qui en descendant se sont épanchées à la sortie de cette même gorge de Watten, dans plusieurs
directions, à travers les bancs de deuxième et de
troisième formation, qui sont parfaitement indi-
quées par les différents cours d'eau qui sillonnent
le delta de l'Aa.

Les nappes d'eau comprises entre les bancs et la
terre, et les bancs entre eux, presque toutes parallèles au littoral, se sont éteintes ici comme sur
la côte atterrie, depuis le bourg d'Ault jusqu'au
cap d'Alprech, ne pouvant se déverser directement

à la mer ; mais par les nappes des vallées qui les traversaient, elles se remplissaient et se vidaient lentement. Les dépôts s'y sont plus vite accumulés que dans ces dernières qui se rendaient par un chemin plus court à la mer. Malheureusement, celles-ci, de ce côté, faiblement alimentées par les eaux de l'Aa et des ruisseaux venant de la terre ferme, qui s'étaient éparpillées, se sont réduites plus vite à l'état de cours d'eau. C'est la raison pour laquelle cet espace a été rendu plus tôt à la culture. L'administration des Wateringes y date de 1169 ; mais aussi, il n'y a plus de nappes d'eau pour alimenter les ports et maintenir la profondeur de leurs passes. Les eaux dont on dispose encore et que l'on a tant de peine à réunir sont insuffisantes. Aussi sont-ils tous comblés. Ce ne sont plus que des ports à marée. On aurait pu sauvegarder plus les intérêts de la navigation sans sacrifier ceux de l'agriculture.

Les bancs ont formé trois bassins, auxquels sont dûs les trois ports de Calais, Gravelines, Dunkerque. Le premier se compose des marais d'Ardres et de Guines qui représentent la belle nappe d'eau, limité par le banc de la première époque, c'est celui de Calais. Le deuxième forme un éventail qui traverse le banc de la deuxième époque pour s'étendre jusqu'à Watten. Il est limité du côté de la mer par le banc de la troisième époque. Le lit de l'Aa en est l'axe et il est parcouru par une multitude de filets d'eau, ruisseaux, canaux, fossés, qui viennent se réunir en un point sur le cours d'eau près de son embouchure, où s'est établi le port de Gravelines. Enfin, le troisième représente aussi un éventail, mais les eaux sont moins divisées. C'est la raison pour laquelle elles ont produit plus d'effet. Celles venant de la direction de l'Aa à Watten et du pied des collines de Watten à Houdschats, allaient se réunir aux eaux de la vallée du Schelvlier pour former un courant d'une certaine force, même lorsque la dérivation de l'Aa à Watten ne donnait plus beaucoup d'eau, par suite du retrait de la mer de la gorge de Watten à Saint-Omer qui s'était comblée. Ce courant n'avait pas grand chemin à faire pour arriver à Dunkerque, qui est le centre et en même temps la position nautique de ce bassin. Le canal de Bergues à Dunkerque est tout ce qu'il reste de ce courant.

Les eaux des bassins des ports de Calais, Gravelines et Dunkerque, s'écoulaient à la mer à travers les bancs de la troisième époque qui les ont barrés, par des chenaux tournés vers le nord-est, très-inclinés à la côte, qui elle-même a une direction Est portant légèrement au nord, à cause du gain de flot du courant de la Manche qui est trop prononcé le long du littoral. Les traces en sont encore très-évidentes.

Le bassin de Calais, celui qui renfermait la belle nappe d'eau d'Ardres et deGuines,a été barré par les bancs des trois époques. La première, celle qui va sur les hauts de Coulogne, n'a pas laissé de traces bien sensibles ; les eaux de l'intérieur qui alors étaient très fortes ont arrêté sa formation. Il n'en est plus de même de la seconde, produite par le banc de galet de Saint-Pierre. Il y avait une large passe ; mais mieux défluie : celle que gardait le fort Nieulay. C'était par cette passe que s'écoulaient les eaux qui ont formé le chenal contournant le banc de galet dans une direction nord-est, dans lequel s'est établi le port de Calais.

La troisième barre, le banc de la troisième formation, se dirigeant de Sangatte à Dunkerque, a enfermé une nouvelle nappe d'eau en avant du fort Nieulay et a prolongé le chenal du port de Calais, et par conséquent le port de Calais lui-même, sous l'action du courant de flot du littoral de la Manche qui sur ce point et sur toute cette côte,comme nous en avons déjà fait l'observation, se continue après la mer haute et quelquefois se confond avec le jusan de la Mer du Nord. C'est ce que l'on appelle l'action du gain de flot qui a une très grande influence sur l'écoulement à la mer, des eaux de l'intérieur. On a cru depuis devoir en changer la direction. On l'a détourné vers le nord-ouest, du côté des vents régnants pour faciliter l'arrivage des batiments.

On comprend que cette succession de barres a dû hâter l'atterrissement de la nappe d'eau d'Ardres et de Guines. Néanmoins, elle avait une si grande masse d'eau qu'elle a pu lutter longtemps. Il n'a fallu rien moins que la main de l'homme pour la maîtriser. Il paraîtrait que c'est vers le ixe siècle, par les soins des comtes de Flandre, que l'on a commencé à consolider la dernière barre, celle de la troisième époque, par une digue que l'on a désigné sous le nom de digue de Sangatte. Voilà ce qu'en dit Lambert d'Ardres qui écrivait vers la fin du xiie siècle :

« Environ à mi-chemin des ports de Wissant et
» de Calais, il y avait un lieu plein de sable et de
» graviers où la mer, par la violence des flots, pas-
» sa à travers les dunes et digues et se répandit
» jusqu'à la terre ferme, que les navires passant
» par la brèche trouvaient derrière la digue ou
» dune un port en forme de lac, où ces navires
» étaient en sûreté, mais dont l'entrée se comblait
» elle-même de sable, donna à ce lieu le nom de
» Sangatte (barrière de sable). »

A ces époques de désordre ou d'anarchie, les travaux n'avaient pas beaucoup de suite. La mer continua encore longtemps ses ravages. Ce ne fut qu'après la construction de l'écluse de Nieulay que les marais d'Ardres et de Guines furent soustraits à

son action ; qu'on les ait livré à la production agricole, on le conçoit, à cause de leur fécondité ; mais
on aurait dû au moins conserver à la navigation la
nappe d'eau comprise entre Nieulay et la digue de
Sangatte, le port de Calais serait dans une situation
plus prospère et le pays plus riche, mais on laissé
tout s'éteindre. On commence à comprendre ce
qu'il en coutera un jour.

Le bassin de Gravelines avait encore de l'eau
du temps de Lambert d'Ardres. Il parle des tem-
pêtes qui y avaient lieu. Elle a complétement dis-
paru. Il ne reste plus que le faible cours de l'Aa.
Elle s'écoulait par un chenal très oblique, à la côte dans lequel se trouve le port. On en a changé la
direction comme à Calais, mais on voit encore
très bien les traces de son prolongement jusqu'à
la mer.

Lorsque l'on jette un coup d'œil sur de vieilles
cartes de Dunkerque, comme celles que l'on trouve dans l'ouvrage de Fauconnier, quelqu'imparfaites qu'elles soient, il est possible, avec les cartes
de notre temps, levées avec beaucoup plus de précision, par différents services, de se représenter,
avec une grande exactitude, le mouvement primitif
des eaux pour l'intérieur. On le voit très bien sur
la carte annexée à l'ouvrage de M. Durand sur les
Wattringes, pour les environs de Dunkerque les
cartes de la marine, du génie et de l'état-major

indiquent bien l'endroit près de la pointe de Gravelines où les eaux entraient dans l'ancienne fosse de Mardick entièrement éteinte depuis le milieu du xviiᵉ siècle, et celui dans le rentrant à l'est du chenal actuel, où elles débouchaient pour se jeter dans la rade actuelle qui était une seconde fosse, celle de Mardick étant la première. Cette dernière se trouvait sur l'Estran que les nouveaux lais de mer et le bassin de chasse ont envahi.

La direction générale des bassins du port était celle du chenal par lequel les eaux de l'intérieur s'écoulaient à la mer sous l'action du gain de flot. C'était dans le chenal que les ports se plaçaient, et il ne peut pas y avoir d'exception pour celui de Dunkerque. On ne peut mettre en doute que cette direction ait influé sur celle de la branche Est de la fosse de Mardick qui était beaucoup plus courte que celle de l'ouest. Il est même probable qu'elles s'identifiaient, tant que les eaux de l'intérieur ont été abondantes, c'est-à-dire tant que les nappes d'eau ont existé. Ce chenal, la branche Est de la fosse de Mardick, et par conséquent la branche ouest, ont conservé leur profondeur. C'est le moment où le port de Dunkerque a eu la plus grande prospérité.

Ici, comme à Calais, comme partout où c'était possible, on était exclusivement préoccupé du soin d'éloigner les eaux de la mer des terres atterries. C'est ce que nous admettons parfaitement bien dans l'intérêt de l'agriculture, et c'était aussi une nécessité dans l'intérêt de la santé publique. Mais comment se fait-il que l'on n'ait réservé aucune nappe d'eau pour un bassin de chasses naturelles? On en avait une près de Dunkerque, celle des Criques qui primitivement avait de l'étendue et était en communication avec le port, mais était devenue à l'état de marais lorsqu'on lui a donné cette désignation. Elle a appartenu longtemps à l'Etat et on n'en a jamais tiré grand parti. Est-ce par négligence ou par la force des évènements ? Dans tous les cas, c'est très regrettable; car on n'a plus d'autre ressource maintenant, que d'en prendre une sur la mer, comme les Anglais, au prix de grandes dépenses, avec cette différence cependant, que le sol étant d'un sable fin profond, les eaux pourront le creuser ; que, par conséquent, la nappe d'eau pourra être rentrée sur l'Estran, avoir moins de saillie et moins déranger le courant dans sa marche.

Il est bien constaté que, tant sur la côte anglaise que sur la côte française, dans les mêmes parages, il ne reste plus de nappes d'eau intérieures, susceptibles de donner de puissantes chasses naturelles pour le creusement de chenaux profonds qu'aux embouchures de la Seine, de la Somme, de l'Authie et de la Canche, et que c'est la force de leurs eaux qui les a mis à l'abri des atteintes de la main de l'homme, qui les convoite depuis longtemps et qui n'attend que le moment où elle se sera suffisamment affaiblie pour s'en emparer ; mais nous ne sommes plus à ces époques d'aveuglement où l'on sacrifiait si facilement la poule aux œufs d'or. L'opinion publique saura les mettre sous sa sauvegarde.

Nous croyons que l'importance de ces belles nappes d'eau n'est plus mise en question, mais que ce sont les moyens que nous proposons pour leur organisation en magnifiques bassins de chasses naturelles, qui laissent encore du doute dans quelques esprits attardés. Nous n'avons pas à revenir sur les principes que nous avons cherché à poser dans nos précédents ouvrages de 1867 et de 1868, nous les maintenons en entier et nous avons la satisfaction de pouvoir assurer que de nouvelles études nous en ont confirmé la vérité.

EMBOUCHURES

DE

la Somme, de l'Authie et de la Canche.

Nous avons traité la question de l'organisation de l'embouchure de la Seine, il nous reste à traiter celle des entrées de Somme, d'Authie et de Canche, qui consiste à trouver les moyens les plus simples et les plus économiques de les barrer de manière à donner aux eaux la force de creuser un chenal d'une profondeur proportionnée à celle de la mer dans laquelle il débouche. Le mouvement d'eau qui se produit à l'entrée de la Seine depuis quelque années en démontre la possibilité, si l'on pouvait en douter, surtout dans un sable fin et profond comme celui de ces embouchures.

Les bancs de cette côte ont deux formations bien distinctes : ceux de la première et de la deuxième époque, et celui de la troisième jusqu'au Hourdel sont en galet ; et ce dernier, au-delà du Hourdel, est tout en sable fin. Il y a là un fait très remarquable. C'est que le courant du littoral a pu entraîner le galet, à la première et à la deuxième époque, à travers la Somme, l'Authie et la Canche,

et le conduire jusqu'au banc de Saint-Pierre-lès-
Calais, en doublant le cap d'Alprech et le cap Gris-
Nez, et qu'à la troisième époque il n'a pu lui faire
franchir le premier de ces fleuves, que le galet s'est
arrêté à la pointe du Hourdel à l'embouchure de
la Somme. On doit en conclure que dans le premier cas il a trouvé un fond solide à peu de profondeur, sur lequel il a pu le déposer; et qu'au contraire à la pointe du Hourdel, le sable a une très
grande profondeur, qu'il s'y est enseveli une énorme quantité de galet qui n'a pu avancer que très
lentement, car elle marche peu, mais elle marche.

Ainsi donc, chaque fois que le galet trouve une
base solide sur laquelle il peut s'asseoir, il forme
par les apports successifs du courant du littoral,
une barre d'autant plus stable que de son côté il
est mieux assujetti dans une gangue de sable plus
ou moins argileuse. Les courants de va et vient, de
flot et de jusan, en la traversant pour entrer et
sortir des embouchures, y maintiennent, lorsqu'elles existent, ou y creusent des passes d'une profondeur proportionnée à la masse liquide qui s'é-
coule et aux fonds extérieurs de la mer, et tout
cela se produit régulièrement suivant la loi des
courants, malgré vents et marées selon l'expression vulgaire, surtout dans les fonds au-dessous
des basses mers. Dans les fonds au-dessus, où les
nappes d'eau n'ont souvent qu'une faible épaisseur,

les vents l'emportent quelquefois sur les cou..a.ts et peuvent les faire dévier ou les maintenir dans leur déviation, comme à l'entrée de Seine. Alors l'aide de la main de l'homme devient nécessaire; mais il suffit de quelques travaux conduits avec intelligence pour tout faire rentrer dans l'ordre. Cette côte en fourmille d'exemples à toutes les époques. Le hable d'Ault est certainement le plus remarquable, comme nous en avons déjà fait l'observation dans notre premier travail.

A la jonction de ce que l'on appelait le roc de Cayeux à la terre ferme, il s'est formé une anse que le courant du littoral a barré successivement avec le galet, lorsqu'il a pris la direction du bourg d'Ault au cap Gris-Nez. Cette cause, qui a reçu la désignation de hable d'Ault, était une espèce de rade couverte qui, à cause de la profondeur de ses eaux, a joui longtemps, chez les marins, d'une grande réputation et dont la tradition n'est pas encore perdue. Son entrée s'est toujours maintenue intacte, malgré le courant du littoral auquel elle opposait une masse liquide qui en empêchait les dépôts; elle n'a été fermé que par la main de l'homme qui depuis longtemps travaillait à en réduire la surface. Voilà l'exemple de la formation d'une barre qui s'est effectuée d'elle-même et que la lame du large n'a pas pu arrêter.

M. de Lamblardie a eu le projet, en 1793, de

rendre le hable d'Ault à la navigation et de le relier par un canal à celui de la Somme. Cet illustre
ingénieur était profondément pénétré de la nécessité d'avoir sur la Manche un port, qu'il appelait
Port-de-Roi, dans lequel on put entrer et sortir
en tout temps, à mer basse comme à mer haute. Il
avait d'abord jeté ses vues sur la position d'Etre-
tat, près du cap d'Antifer, au point où commence
l'émission du galet, et où elle devait être réduite
à sa plus simple expression. Plus tard, il a porté
son attention sur le hable d'Ault. C'était une grande et heureuse pensée qui donne la mesure de sa
haute intelligence. C'est du reste une idée que l'on
poursuit depuis longtemps et que nos études vont
faire entrer dans une phase nouvelle et plus large,
au moyen desquelles il sera loisible à chacun de
mieux apprécier les dispositions à prendre pour
remplir ce but.

M. Damiens, d'Abbeville, se propose de publier
l'histoire des vicissitudes du projet de Lamblardie
jusqu'à nos jours. Ce sera un travail intéressant
que, pour notre compte, nous serons très heureux
de connaître.

On ne peut guère exprimer que de vifs regrets
sur la fâcheuse situation où se trouvent les établissements maritimes de la côte de galet, par suite
d'évènements de force majeure et aussi par la négligence et l'avidité de l'homme qui a hâté l'ex-

tinction des nappes d'eau intérieures ; mais ces regrets sont stériles, parce qu'il n'est pas possible de
les rétablir dans leur premier état ; non-seulement
il faudrait faire de très grandes dépenses, mais encore toucher à des intérêts particuliers vivaces,
qui seraient la source de nombreuses résistances. A
moins qu'on veuille les rétablir sur le domaine de
la mer, comme les Anglais, et cela dans de bien plus
mauvaises conditions, notre littoral étant exposé
directement aux vents de la région sud-ouest au
nord-ouest en passant par l'ouest, il faudrait en
construire l'enveloppe tout d'une pièce et non en
partie, ce qui exigerait des travaux dont le moment n'est pas encore venu.

Il faut d'abord prendre ces nappes où elles se
trouvent. Il n'en existe plus, comme on le sait, de
susceptibles, par leur masse, de donner des chasses naturelles dans les conditions voulues, que sur
la côte de sable ; mais elles n'ont jamais pu se barrer à cause de sa mobilité, chaque fois que le courant du tittoral y apporte ses dépôts, celui de va
et vient du flot et du jusan dans les embouchures les
nivèle, de sorte que leurs fonds se sont élevés par
couches successives, à partir du moment où les
alluvions de la mer ont joint ceux de la terre, ce
qui paraît avoir eu lieu vers le XVIe siècle. Ils con-
tinueront si on n'y met ordre leur marche ascen-
dante jusqu'à ce qu'ils soient arrivés au niveau du

sol ; et alors, les nappes d'eau se réduiront à de simples cours d'eau, comme sur la côte atterrie du nord de Sangatte à la Meuse.

Si elles ne sont pas encore éteintes, elles le doivent à l'énorme quantité d'eau qu'elles renfermaient primitivement, qui s'étendait au loin entre les bancs de la deuxième et de la troisième époque et dans les vallées, dont la direction en ligne droite permettait à l'impulsion qu'elle recevait du jusan, de s'exercer dans toute sa puissance pour les débarrasser des dépôts d'alluvions de l'intérieur et de l'extérieur. Ce mouvement s'effectuait d'une manière régulière par les courants, tant que les fonds se sont maintenus au-dessous du niveau des basses mers. Lorsqu'ils l'ont dépassé, il s'est produit une agitation qui a beaucoup nui à la navigation. Ce n'est pas que les courants ne suivissent pas la marche que leur impose la loi de l'écoulement des liquides, mais ils avaient des écarts. Dans leurs directions, par suite des oscillations que les vents faisaient éprouver aux eaux, les passes se déplaçaient ; il fallait beaucoup d'attention et des pilotes éprouvés pour ne pas les perdre de vue.

Il y avait dans la masse mouvante de sable et d'eau des perturbations terribles qui, si elles ont produit un mal en en éloignant la navigation à certains moments, ont aussi produit un bien, celui d'interdire à l'homme l'approche de ces nappes d'eau qu'il n'eut pas manqué de s'approprier dans un intérêt personnel. On ne peut mettre en doute que ce soit à cette cause que l'on doive la conservation de ce qui en reste. On en a détaché tout ce qui était possible de prendre. Il ne faut pas attendre, pour les organiser, que la masse des eaux se soit trop affaiblie, car leur existense serait bientôt compromise, et ce serait une perte irréparable.

Quoique la tenuité du sable de cette côte ne le rende pas susceptible de recevoir de profondes impressions, il est encore possible cependant d'y distinguer les traces des différents mouvements réguliers des courants qui s'établissent dans la masse liquide qui se détache de celle de la Manche, pendant les marées, pour remplir les vallées et les embouchures des trois cours d'eau. En principe, il y a ici à l'entrée trois courants comme en Seine, celui du sud, du centre et du nord qui se réunissent en un seul à une certaine distance dans l'intérieur et qui se divisent de nouveau à la sortie des eaux pour prendre des directions qui se modifient suivant des circonstances locales sur lesquelles il est nécessaire de donner quelques explications. La différence entre la Seine et ces cours d'eau est qu'elle a une baie et une embouchure et qu'eux n'ont qu'une embouchure à laquelle on donne aussi la désignation de baie. Il y a encore une autre différence, c'est que l'embouchure de la Seine est taillée dans l'ancien sol et que les atterrissements de son entrée se sont faits dans des limites définies, au lieu que les embouchures de la Somme, de l'Authie et de la Canche sont en plein alluvions et entièrement l'ouvrage des courants, tant de celui du littoral que de ceux de l'entrée et de la sortie des eaux dans ces alluvions.

A partir du cap d'Antifer, le courant de flot du littoral de la Manche dans sa marche vers le nord, déverse latéralement la quantité d'eau qu'il doit fournir au vide de chaque embouchure sans se déranger de sa direction en ligne droite ; et s'il rencontre des obstacles qui l'obligent à s'infléchir, il tend constamment à s'en affranchir. Il donne donc à la masse d'eau qui s'en détache une impulsion qui force le courant du sud à se rapprocher du courant du centre, surtout sous la pression des dépôts que le courant du littoral pousse devant lui, quand ces dépôts peuvent opposer une certaine résistance. C'est ce qui arrive à la baie de Somme. Primitivement, le courant du sud contournait le roc de Cayeux pour se porter sur le cap Cornu de Saint-Valery, et par un mouvement tournant le courant du centre entrait franchement dans l'embouchure suivant son talwey, et le courant du nord remontait la rive gauche de Saint-Quentin ; mais la pointe du Hourdel en s'avançant a obligé le courant du sud à se rapprocher du courant du centre. Ils n'en forment presque plus qu'un seul maintenant. Si on laissait les choses se continuer, il arriverait un moment où les trois courants se trouveraient réunis; mais comme la marche de la pointe du Hourdel est très lente, la baie serait comblée avant d'être barrée, c'est-à-dire que la nappe serait éteinte et que les eaux ne pourraient plus creuser une passe que celles, dont on dispose encore, approfondiraient beaucoup si la barre était promptement terminée.

Ainsi donc, le courant du littoral a une tendance à barrer entièrement les baies et à ne laisser à leurs eaux qu'une passe au nord. C'est une disposition qui favorise son approfondissement, soit que le flot continue sa marche vers le nord après l'heure de la haute mer, soit que le jusan se prononce plus ou moins immédiatement après ; mais il faut reconnaître qu'elle est un peu forcée dans le deuxième cas. Aussi les ports de cette région où le gain est peu prononcé, ont-ils deux passes : une au nord et une seconde vers le sud. Le port de Dieppe en avait une seconde sous le château, et la vallée de la Bresle, outre celle du Tréport, en avait aussi une à Mers. Ces deux passes ont été bouchées de main d'homme. Nous sommes aussi très disposé à admettre une deuxième passe à l'embouchure de la Somme, celle qu'elle a maintenant à la pointe du Hourdel. Dans le projet de notre premier travail, elle n'avait qu'une passe nord pour que son débouché se trouve plus près des plus grands fonds de la mer.

Il ne faut pas se dissimuler que les passes qui s'ouvrent vers le sud, ont le grave inconvénient de se trouver en pleine alluvion. C'est par elles que le flot comble les embouchures, et le jusan en ramenant une partie des dépôts forme à leur débouché un cône de déjection à travers lequel les eaux à leur sortie ont beaucoup de peine à se creuser un chenal, cône de déjection que le courant du littoral est impuissant à enlever. C'est ce qui a lieu en Somme. Aux passes nord, le jusan entraînant une partie des dépôts vers le nord simplifie la besogne du courant du littoral. Aussi ces passes sont-elles peu encombrées, ce qui est un avantage dont il faut tenir un grand compte ; néanmoins, lorsque le jusan a de la durée, comme ici, il faut disposer les passes de manière à ne pas trop le contrarier.

La baie de Somme a du reste assez d'eau pour avoir deux passes qui sont bien nettement dessinées sur le sable, ainsi que le banc qui les sépare (Voir les planches de notre premier mémoire de 1867). Il est bien évident qui si ces fonds eussent été d'une matière plus consistante, d'un fond argileux mêlé de galets comme à l'entrée de

Seine, ces passes seraient plus profondes et plus
accentuées, car il y a eu un moment où l'embouchure de la Somme a eu plus d'eau peut-être que
celle de la Seine, et plus de fixité dans la direction du mouvement.

On voit aussi à la pointe du Hourdel les fluctuations qu'éprouvent les courants du centre et du
sud, ce qui conduirait à faire croire qu'ils ne se
confondaient pas encore complètement en 1864,
époque où a eu lieu le lever de la carte marine que
nous reproduisons avec des courbes horizontales,
au lieu de côtes qu'elle avait d'abord. Peut être que
maintenant ce rapprochement est plus prononcé.
On a fait des travaux depuis, pour jeter les eaux
vers la pointe. On constate que le chenal qui suit
la rive de galet du Hourdel à Cayeux a gagné en
profondeur dans le cône de déjection de la Somme
qu'il traverse. On ne peut mettre en doute que
lorsque l'embouchure du fleuve sera barrée, la
passe et le chenal ne s'approfondissent encore. On
est aussi porté à croire que la marche du galet s'ar-
rêtera ; elle est déjà très-lente avec l'instabilité
des courants. Que sera-ce lorsqu'ils seront maintenus dans une passe où leurs efforts seront cons-
tants ? On doit aussi faire observer qu'il y aura une
grande consommation de galet dans la construction du barrage, de sorte que l'on a beaucoup de
raisons de penser que cette passe acquerra de la

fixité avec le temps.

Le courant du littoral a une tendance à se creuser, des fosses dans le sable mouvant du cône des déjections pour former des bancs, que les marins appellent bancs de l'entrée de Somme, qui sont très-dangereux à cause de leur mobilité. Lorsque le barrage existera, ces fosses prendront de la stabilité et de la profondeur, comme celles de Dunkerque, et seront utiles à la navigation.

Nous maintenons notre premier projet pour barrer les embouchures de l'Authie et de la Canche avec une seule passe nord. La disposition naturelle des baies de ces deux cours d'eau est à observer. Leur forme est bien l'expression de l'empreinte que le mouvement des courants laisse dans son passage au milieu d'une masse de sable, que sa faible consistance ne peut contrarier d'une manière sensible. Il n'y a pas là le galet du Hourdel que le courant du littoral pousse en avant pour rétrécir l'entrée, néanmoins la trace et l'effet de chaque courant est bien nettement indiqué.

D'abord, déjà ici le gain de flot se prononce plus qu'à l'entrée de la Somme, les cônes de déjection, surtout celui de la baie de Canche, s'étalent moins dans la mer ; ils sont plus contenus et maintiennent les fonds plus près du débouché des eaux de l'intérieur des terres, ce qui est un très grand avantage. Son influence se fait aussi sentir sur les courants

de la marée qui pénètrent dans les embouchures.
On voit bien les traces du courant du sud aux
pointes de Routhionville et du Touquet, mais elles sont faibles et le courant n'y passe qu'aux hautes mers ; c'est un indice de l'amoindrissement du
jusan, parce que comme se sont ses eaux qui ont
principalement la propriété de creuser les fonds,
si elles étaient revenues par la même voie, ces traces seraient beaucoup plus prononcées.

Ces trois courants, à leur entrée, paraissent
avoir concentré leurs efforts en grande partie en
un seul : celui du milieu, c'est-à-dire dans le
talwey de la masse des eaux qui forme une
courbe qui va toucher la rive droite des
baies. A sa sortie, cette masse d'eau après avoir
suivi la même direction, s'épanche vers le nord
aussitôt qu'elle peut se dégager, pour continuer
le flot ; et ce n'est que lorsqu'elle approche de la
mer basse qu'elle revient sur elle-même pour obéir
à l'action tardive du jusan. C'est un fait qui devient
d'autant plus sensible que l'on approche du détroit. Ainsi on voit sur les cartes que le retour du
jusan a lieu plus tôt, et par conséquent que sa durée est plus longue à la baie d'Authie qu'à celle de
Canche où le gain de flot prédomine.

D'après ces considérations, la passe nord que
nous admettons pour les embouchures de l'Authie et de la Canche conviendrait très bien aux

mouvements des eaux à leur sortie, mais pour leur entrée il faudrait une passe plus au sud, et il n'est guère possible d'avoir deux passes pour les nappes d'eau ; d'ailleurs que résultera-il de l'obligation de faire entrer les eaux par la passe nord? La courbe de leur talwey du couchant du centre sera moins ouverte et exercera à son contact avec la rive droite de l'embouchure une plus grande pression. C'est une condition dont il faut tenir compte dans la disposition des travaux par plus de solidité sur ce point, mais l'avantage précieux de la passe nord est d'être favorable à l'approfondissement de son chenal, ce qui doit passer avant tout.

Si l'état des fonds des baies de Somme, d'Authie et de Canche, réprésenté aux planches de notre premier travail, nous ont bien renseigné sur la situation des courants par l'empreinte des passes qu'ils ont laissée sur le sable qui, quoique faible, est parfaitement perceptible et parfaitement l'expression de la résultante de leurs effets, par la raison qu'ils n'ont pas été contrariés par la résistance de la matière; il nous donne aussi une excellente indication pour la disposition des barres ou barrages que l'on doit exécuter au débouché de ces baies dans le but de creuser leurs passes et l'intérieur de leurs embouchures.

Les levées de ces plans datent de 1834. Il serait à désirer que l'on en exécutât de nouveaux. La connaissance des lieux nous porte à croire cependant qu'ils n'ont pas beaucoup changé, au moins dans leur ensemble ; et pour nous c'est l'essentiel.

Toute masse liquide chargée de matières en suspension dans ses eaux que lui a apporté le courant du littoral, qui pénètre dans les baies, se divise en deux parties ; l'une suit la voie des courants et l'autre remplit les vides qu'ils laissent entre leurs sinuosités, d'abord par le déversement des courants qui, à cause de leur vitesse, se soutiennent toujours à un niveau sensiblement plus élevé, ensuite par des eaux venant directement de la mer qui, encloisonnés entre les courants, ont plutôt un mouvement ascentionnel qu'un mouvement de transport horizontal. Ce sont ces dernières qui, par leurs dépôts, forment les barres. Quand la masse liquide se retire, il se produit un mouvement inverse à peu près semblable ; les courants se dépriment, les eaux intermédiaires s'y déversent, et celles qui sont près de la mer se déversent au large aux points où le jusan domine, et au contraire sont reprises par le courant du littoral si c'est le gain de flot qui l'emporte. C'est à leur sortie que les eaux creusent les passes et dénivèlent les barres suivant la plus ou moins grande consistance des dépôts qui les composent.

Dans les temps tranquilles tout se passe régulièrement. Il ne se fait pas de grands dépôts, par-

ce que les eaux n'entraînent pas beaucoup de corps
étrangers avec elles. Ces moments sont précieux
pour réparer les désordres occasionnés par la tempête et rétablir les barres, les passes et les chenaux dans leur forme naturelle, c'est-à-dire celle
qu'impose la loi de l'écoulement des liquides. Il y
a plus de déperdition que de gain de dépôts pour
les barres et c'est la circonstance la plus favorable
à l'approfondissement des passes et de l'intérieur
des embouchures.

Lorsque la mer est agitée, les conditions changent. Les courants maintiennent toujours leur mouvement général; mais, comme des lignes flexibles,
ils oscillent, dans une certaine limite, entre des
points plus ou moins fixes, suivant la direction des
vents. C'est ce que nous avons vu dans la baie de
Seine et ce qui se passe aussi dans la baie de
Somme. Le courant qui, du Hourdel, se porte ordi-
nairement sur le Crotoy, est quelquefois ramené
au milieu de l'embouchure par de forts coups de
vent du nord. Ces effets se produisent surtout dans
les eaux superficielles au-dessus du niveau des
basses mers. Dans les fonds au-dessous de ce niveau,
les courants ont beaucoup plus de stabilité. Cette
agitation, dangereuse à la navigation à cause du
déplacement des chenaux, remue les fonds et
charge les eaux de matières en suspension que le
jusan ramène sur les barres.

Le plus grand rôle que jouent les agitations de la mer dans la formation des dépôts à l'entrée des embouchures, sont les fluctuations de sa masse liquide, auxquelles sont dues les vagues. Elles permettent au courant du littoral, comme nous en avons déjà fait l'observation, d'entraîner les débris de la côte rongée, qu'il dépose, chemin faisant, sur l'estran des bancs et des barres; c'est un moyen d'alimentation qui ne manque jamais. L'action des vagues se fait de nouveau sentir en poussant ces débris et les relevant autant que le permet l'amplitude de leurs oscillations et le poids des matières qu'elles remuent. Les effets sont d'autant plus prononcés que les barres sont plus élevées au-dessus du niveau des basses mers, parce que la nappe des eaux du jusan à son retour au large, a moins d'épaisseur et par conséquent moins de force pour résister au mouvement opposé des vagues qui l'obligent à faire des dépôts sur la barre même.

Dans la formation des barres la vague amène le sable et le galet, et le jusan le sable et les solutions argileuses. Le sable et le galet déposent sur la côte à cause de leur pesanteur et l'argile qui se tient plus longtemps en suspension dans l'eau, par son excessive ténuité, va déposer plus loin au large, il s'en dépose cependant un peu sur les barres de galet. Tant qu'il n'y a que du sable, les dépôts ne s'élèvent pas bien haut. Le flot aussi bien que le jusan les dénivèlent, comme nous l'avons déjà dit; mais lorsque la vague amène le galet, il n'en est plus de même ; elle l'assujettit sur une couche de sable plus ou moins argileuse, d'où il n'est pas facile de le faire sortir et l'élève successivement par sa force vive. Elle peut le projeter très haut, même beaucoup au-dessus des plus hautes mers. C'est ce que l'on voit au banc de galet qui va de Cayeux au Hourdel qui est très large et très haut.

Tant que la puissance d'action de la vague ne dépasse pas une certaine limite, elle édifie; mais lorsqu'elle devient à l'état de lame furieuse, elle détruit et produit souvent d'énormes coupures dans les barres, mais avec un peu de calme tout se rétablit dans de bonnes conditions. C'est un fait qu'on ne peut pas nier. Nous en avons mille exemples sur la côte que nous étudions. Nous le répétons, il s'est élevé aussi haut qu'on peut le désirer de nombreuses barres de galet, malgré vents et marées. On ne doit pas s'étonner que nous mettions tant d'insistance dans cette question des barres ou barrages. Elle est capitale. Il faut l'examiner sous toutes ses faces, dans le plus grand détail, afin d'en avoir une juste appréciation. Nous nous permettrons de faire observer que nos projets ne reposent pas sur des idées systématiques auxquelles on peut imposer toutes les interprétations les plus fausses comme les plus justes, mais sur les données de la nature que l'on ne peut pas torturer, sans que l'on s'en aperçoive de suite, pour leur faire dire ce qu'elles ne disent pas.

Mais, dira-t-on, la nature a mis le temps à son œuvre. C'est vrai. Mais, quoique constante dans ses efforts, ils n'ont lieu qu'à des époques plus ou moins éloignées dont elle n'est pas maîtresse ; ils n'ont pas la suite que l'homme peut leur donner. Il peut accumuler plus de matériaux dans un temps voulu et augmenter la proportion de chacun, suivant ses besoins, ce que la nature ne peut pas faire, obligée qu'elle est de prendre ce que les lieux lui donnent.

Si la formation de ces barres eut été dirigée par la main de l'homme, on ne les aurait pas laissé s'étendre comme celle de Dieppe par exemple, sur laquelle la ville se trouve bâtie ; elles se seraient élevées plus vite à la hauteur qu'elles ont actuellement, elles n'auraient pas laissé pénétrer dans l'intérieur des vallées les dépôts qui les ont comblées, leurs nappes d'eau eussent conservé leur profondeur, par conséquent celles de leurs passes, et l'on aurait des ports de refuge là où il serait bien difficile d'en créer maintenant.

C'est surtout très regrettable pour la ville d'Eu dont la disposition des lieux eut été on ne peut plus favorable à cette destination. On aurait pu faire un magnifique mouillage dans la plaine marécageuse entre cette ville, Tréport et Mers. La barre est étroite naturellement, à cause de l'abri que lui donne la pointe de Tréport, et par conséquent les chasses naturelles n'eussent pas eu un grand parcours à faire par Mers pour atteindre les fonds de la mer. Dieppe n'eut pas présenté les mêmes facilités.

Il est bien évident que la gangue de sable plus ou moins argileuse qui retient le galet et qui joue un si grand rôle dans la formation des barres, peut être très notablement améliorée par la main de l'homme. En effet, la dose d'argile est faible parce que les eaux que ramène le jusan, arrêtées par les oscillations des vagues, n'en peuvent pas déposer beaucoup sur le galet, et qu'elles n'en déposent pas du tout sur le sable qui, fortement remué, est complétement délavé, au lieu que si la gangue maintient le galet, celui-ci la protège et lui conserve les dépôts argileux qu'elle reçoit.

M. Plocq fait connaître dans son ouvrage sur les courants et les alluvions de la Manche, que les eaux douces qui sortent des ports de Dunkerque et de Gravelines pendant les deux heures qui précèdent et les deux heures qui suivent le moment de la basse mer, font des dépôts argileux à l'ouest sur la plage qui augmentent sa largeur ; ils en consolident le sable et lui permettent de supporter l'effet des vagues. Il serait bien à désirer qu'il en fut ainsi sur les barres de sable, mais elles sont beaucoup plus remuées que les plages. Les dépôts argileux ne peuvent servir que de gangue. Il faut les garantir, si l'on peut s'exprimer ainsi, par un pavé de galets ou d'autres pierres. Les pierres blanches du pays pourraient très bien remplir le but.

On est donc amené tout naturellement, comme nous l'avons déjà indiqué, à couvrir les barres de sable, pour les élever, de couches successives de beton à base argileuse, dont la flexibilité puisse leur permettre de supporter sans se rompre la pression des vagues. Un beton de mortier de chaux, quelle que fut sa qualité, ne remplirait pas le même but. Il ne tarderait pas à se briser, et les morceaux seraient bien vite enfouis sans profit dans la masse du sable, comme le galet à la pointe du Hourdel, en outre la dépense en serait excessive.

L'introduction du galet, de la pierre, de la pierraille et même du sable dans les masses argileuses, a encore une autre raison que celle de les garantir de le corrosion des vagues. Elle empêche le retrait de s'y produire, lorsqu'elles se condensent en desséchant. On en voit de nombreux exemples dans les dépôts d'argile qui ont lieu au fond des baies et des embouchures, qui forment les premières prairies et des prairies très fertiles. Elles sont divisées avec une certaine régularité par une multitu-

de de fossés naturels qui ne sont rien autre chose que les crevasses dues au retrait de la matière,
que la mer descendante a agrandi et que la vague
agrandirait encore davantage sur les barres.

L'argile a du reste une qualité précieuse pour
supporter les assauts de la vague, de présenter des
surfaces lisses sur lesquelles les eaux glissent.
Ainsi l'on voit à chaque instant, ces masses d'argile fendillées par le retrait, résister parfaitement
bien aux fluctuations de la mer. Pour nous, nous
avons été souvent étonné de la stabilité des argiles,
tout aussi bien sous l'action des torrents les plus
impétueux, que sous celle des plus fortes lames.

Il y a un fait que nous avons déjà cité, et que
l'on ne saurait trop représenter, qui donne la mesure de ce que l'on peut attendre des surfaces lisses
sans solutions de continuité. C'est ce qui se passe
aux batteries en terre de la digue de Cherbourg.
La terre est renfermée dans un coffre en maçonnerie et là, plongée; la partie supérieure qui a une
faible inclinaison, est recouverte seulement par
une simple faible couche d'asphalte, à laquelle les
plus grands coups de mer n'ont jamais pu porter
la moindre atteinte. Elle se conserve parfaitement
intacte depuis plusieurs années.

Ce n'est pas d'aujourd'hui, du reste, que l'on a
reconnu les avantages que présente l'emploi du bé-
ton argileux. Le service des ponts-et-chaussées

s'en est déjà servi pour les barrages de réservoirs destinés à l'alimentation des canaux. On avait cru d'abord pouvoir les rendre étanches, c'est-à-dire empêcher l'eau de les traverser, en les revêtissant à l'intérieur de plaques de terre glaise bien corroyées à l'état pâteux. Malheureusement cette terre, en se desséchant, s'est fissurée par suite du retrait, et il s'est produit des fuites qui ont amené promptement la ruine de ces barrages et de très grands malheurs par l'inondation subite des terrains environnants. A cet ancien procédé des corrois, on a substitué celui du beton argileux. On en a formé des blocs bien comprimés, que l'on a maçonné comme la pierre de taille. Il a parfaitement réussi. On en a fait d'autres applications avec succès, mais on n'en peut pas faire de plus heureuse que dans cette circonstance.

On le voit, des barres ou barrage établis par couches successives de beton argileux ont beaucoup de chance de se maintenir, même sur des fonds de sable profonds, parce qu'ils occupent de larges surfaces. La vague ne peut pas les engloutir. Les premières couches pourraient peut-être avoir plus à souffrir, mais elles ne tarderaient à être soutenues; car si le courant du littoral n'amène pas de galet, il continue toujours à amener du sable, que le mouvement oscillatoire de la mer porterait sur les couches pour les hâter. Il se formerait un banc épais avec plage extérieure, sous la protection de la digue de beton argileux qui acquerrait une grande solidité.

Le système de barrage que nous proposons a été l'objet de critiques que nous ne croyons pas fondées, ou au moins que l'on a exagérées, en l'assimilant à celui de digues ordinaires qui n'ont que l'épaisseur nécessaire et qui ne sont pas contrebutées par les apports de la mer. La lame a bien plus de prise sur ces dernières. Quel que soit leur mode de construction, nous devons en faire l'observation et repousser l'assimilation que l'on voudrait établir entre ces deux systèmes. Il eut été inutile alors de se livrer à de si longues et de si difficiles recherches sur la loi des courants.

Ce n'est pas à dire que nous ayons la prétention de croire que, par les grosses mers, il ne se produise pas de dégats sur nos barrages. Ce n'est pas notre pensée. Mais la main de l'homme serait toujours là attentive à les réparer; et si l'emploi des mêmes matières était impuissant à conjurer le mal, on aurait recours, dans les circonstances exceptionnelles, à celui du bois et surtout des saussaies artificielles, moyen infaillible d'empêcher les dégats de prendre de trop fortes proportions. Nous l'avons déjà indiqué pour fermer les trouées qui se trouvent dans les bancs en avant de la fosse ou rade de Dunkerque.

Ces saussaies se composent de cadres à compartiments dans lesquels on implante des brins de bois pour former quelque chose de semblable à une brosse. On les jetterait dans les trouées les plus dangereuses. Les brins de bois, par leur flexibilité, cèdent aux mouvements les plus violents des eaux, qui ne peuvent les déplacer lorsque le cadre est bien assis, et le sable qui se dépose entre-eux finit par en faire une masse inébranlable.

On a aussi prétendu que les travaux seraient très couteux. Il suffit de réfléchir un instant pour se convaincre du peu de fondement de cette allégation. Nous pouvons assurer, sans crainte de nous tromper, que cette disposition est beaucoup plus économique que toute autre, au point de nous permettre de la considérer comme la seule solution pratique. Touts les matériaux, pierre blanche, galet, dépôt argileux, se trouvent sur place, et les transports se font par eau. La baie de Somme a beaucoup plus de galet que les deux autres, mais celles-ci n'en sont pas dépourvues. C'est bien peu comprendre la question, que de l'attaquer sous le point de vue de la dépense.

Voilà des travaux que la nature ne pouvait pas réaliser; elle n'était pas maîtresse de la qualité des fonds. Près de la côte de l'ancien sol elle les trouvait plus solides, soit qu'ils se composent des couches rocheuses inférieures ou de dépôts plus argileux, à cause de la grande proximité des terres ; mais sur la côte atterrie du Hourdel au pied du mont du cap d'Alprech, où il n'y a qu'un énorme banc, tout de sable, à de très grandes profondeurs, elle était impuissante à effectuer un barrage. Si le fond eût été vaseux, même comme à l'entrée de Seine, la masse considérable de galet qui s'est accumulée entre Cayeux et le Hourdel pour former l'immense poulier où sont venus s'ensevelir les débris de la côte rongée, à partir du cap d'Antifer, depuis des siècles, et que contiennent, en les engloutissant dans le sable, les courants de flot et de jusan du fleuve et les vents d'aval. Cette masse de galet aurait continué la marche que lui imposait le courant du littoral vers le nord. Il en serait résulté pour la Somme un barrage à travers lequel les eaux de l'intérieur se seraient ménagées probablement deux passes profondes, qui eut offert une solidité analogue à celle des barres de la côte rongée.

On ne peut le mettre en doute si l'on jette un coup-d'œil sur la composition du banc du Ratier, à l'entrée de Seine. La base qui, primitivement était de vase, s'est consolidée et a formé une masse argileuse par suite de la pression des eaux et de celle du galet qui la recouvre. Or, d'où vient ce galet ? de la côte comprise entre le cap d'Antifer et la pointe de la Hève. Il ne peut pas venir d'autre part pour arriver au ratier. Il a dû traverser le courant du centre sous l'effet d'une puissante impulsion reçue dans le courant du nord, par suite d'un fort coup de vent des vents d'aval, dans des circonstances rares. Le galet du Hourdel soumis à l'action plus constante du courant du littoral de la Manche, aurait eu une marche moins interrompue et aurait continué la côte de galet vers le nord. Ce que la nature ne peut pas toujours faire, l'homme peut l'obtenir; mais en s'appuyant sur ses enseignements.

La baie de Canche, à cause de sa proximité du détroit et des plus grands fonds de la mer, et aussi à cause des facilités d'exécution qu'elle présente, est la première des trois sur laquelle il faut effectuer les travaux, parce que c'est elle qui peut donner les résultats les plus prompts et les plus certains.

Nous estimons qu'il faudra un barrage de 5,000 mètres de longueur pour la fermer, plutôt moins que plus. On la trouve déjà trop longue, c'est-à-dire que l'on trouve que nous portons la passe A trop au nord. On pourra l'avancer un peu sur le large, en laissant le point D là où il se trouve sur la planche II de notre premier ouvrage, mais nous maintenons la passe, à peu près aussi au nord, par les raisons que nous avons déjà données. Il n'y aura qu'une passe. La jetée AD sera la jetée du sud. On fera une jetée nord sur le prolongement de la rive droite de la baie, dont le but sera de garantir cette rive de la corrosion des courants.

La hauteur des plus hautes mers est de 8^m 47 et va jusqu'à 8^m 70. On pourra donner 9^m de hauteur au barrage au-dessus des plus basses eaux ; mais comme elle sera assise sur les deux bancs de sable du Touquet et de Lorner qui auraient barré l'embouchure de la Canche depuis longtemps si les sables dont ils sont composés avaient plus de consistance, il n'aura pas partout la même hauteur. On peut l'estimer à 6^m en moyenne. Ce barrage se composera de couches de beton argileux de 20^m de largeur et de 1^m d'épaisseur. Il en faudrait donc 360,000 mètres cube.

La pierre blance coûte à Etaples 2 fr. 62 le mètre cube, transport compris. C'est le prix que l'on a payé pour les petites digues que l'on a faites dans la baie de Canche, dans le but de redresser le talwey de ses eaux. On pense que l'on pourrait l'avoir à 1 fr. si l'on en employait une grande quantité. L'argile et le galet seraient à peu près au même prix. A 1 fr., il faudrait 360,000 fr. ; à 2 fr. 720,000 fr. Nous pensons par un calcul approximatif que la dépense pour la confection du barrage seulement, ne dépasserait pas 1 million, y compris la somme nécessaire pour faire face aux accidents qu'il n'est pas possible d'apprécier d'avance.

A l'extérieur du barrage il se formerait une

plage qui monterait probablement à la hauteur des laisses des hautes mers, au-dessus il faudrait le revêtir par un péré. Cette dépense avec celle des musoirs pourrait atteindre 500,000 fr. et autant pour la digue du nord, en tout 2 millions. L'intérêt et l'amortissement de cette somme seraient bien vite couverts par les batiments qui y viendraient s'y réfugier en grand nombre, heureux de se sauver d'une perte certaine, pendant la tempête, dans une aussi mauvaise mer, par un léger impôt.

Il ne peut être question que des travaux à exécuter à l'entrée de l'embouchure de la Canche. Ceux de l'intérieur, les dragages, feraient objet d'un autre chapitre de dépense.

Notre conviction de la facilité de la réalisation de ce projet repose, nous ne saurions trop le répéter, sur l'aide que l'on doit trouver dans les apports de sable du courant du littoral, qui viendraient consolider et garantir chaque couche de beton argileux et même s'y agglutiner. L'expérience démontrera tout le parti que l'on pourra en tirer.

Quant à l'effet des eaux pour creuser une passe profonde, on ne peut guère en douter, lorsque l'on songe qu'à certains moments cette magnifique baie peut en produire un écoulement de 11 millions de mètres cube, qui ne fera qu'augmenter avec son

ture, pour lesquels on sera obligé d'avoir recours à des moyens semblables, mais dans des conditions plus défavorables, tels que ceux de Calais et de Dunkerque qui, ne pouvant plus avoir de nappe d'eau intérieure pour les chasses naturelles, devront les prendre sur la mer. C'est la question que nous allons examiner.

QUATRIÈME PARTIE.

Position nautique de Dunkerque.

Nous mettions la dernière main à ce travail lorsqu'a paru dans la livraison du mois de mars de la *Revue Maritime et Coloniale*, la seconde partie de celui de M. le capitaine de frégate, Dumas-Vence, sur la partie nord de la côte atterrie, depuis Sangatte jusqu'à la frontière de Belgique. Nous ne saurions trop manifester à cet officier le plaisir que nous avons eu à le lire, et le féliciter d'avoir bien voulu mettre au service d'une question à laquelle nous portons le plus vif intérêt, et sur laquelle nous cherchons à appeler l'attention depuis plusieurs années. L'expérience que ses courses nombreuses dans la mer du Nord, lui ont donné de cette mer, c'est en réunissant toutes les études sur un même point qu'on finit par le bien mettre en lumière. Nous sommes heureux du concours partout où nous le trouvons, et nous l'appelons de toutes nos forces dans l'intérêt de la solution de cette importante question.

Sans préjuger des conclusions auxquelles cet officier supérieur sera amené dans la suite de son travail, nous pouvons déjà dire que nous nous trouvons jusqu'à présent à peu près d'accord avec lui sur les principes. Nous avons admis et reconnu depuis longtemps la permanence des bancs produits par le courant du littoral de la Manche, sur ce que nous appelons la côte atterrie, et aussi l'effet de la direction des vallées sur celle des eaux qui les traversent pour se rendre à la mer, et enfin l'influence du gain de flot et du jusan sur la direction de leur débouché. Ce sont ces trois principes qui nous ont guidé dans l'étude de la constitution des terrains d'alluvions qui se sont formés dans les rentrants du littoral de l'ancien sol, du sol qui a précédé notre époque géologique. Les traces qu'il en reste, et qui sont encore bien sensibles, sont ce qui peut le mieux donner une idée juste de l'ancien état de choses. Les cartes d'Adrien Van Schrieck, sieur de Rodorme et celle du sieur Chiffler, qu'il a pris dans l'ouvrage de Faulconnier, sont trop sommaires et trop imparfaites. La première s'approche plus de la vérité que la seconde ; celle-ci mentionne le banc de Schusken. Les cartes de Van Langren sont plus précises ; les cartes anciennes sont précieuses. On y apprend toujours quelque chose, mais celle-ci ne sont d'un grand secours qu'autant que l'on a la clef de la formation de ces terres. C'est ce que nous avons cherché à obtenir et que nous croyons posséder, si ce n'est entièrement dans les détails, au moins dans son ensemble.

Les bancs sont de trois époques, non parallèles,
mais en éventail, à partir de Sangatte ; le dernier,
celui de la côte actuelle, est traversé par deux courants d'eau, dont la direction est donnée par celle
des vallées d'où ils sortent. Celui de l'Aa a toujours eu la même direction : celle de la gorge de
Watten ; et cela est très remarquable, parce qu'il
a dû traverser des alluvions sur un grand espace,
qui auraient pu le faire dévier. Le courant de Dunkerque, représenté par le canal de Bergues, n'avait
pas une direction aussi nettement tracée, parce que
la vallée de Schelvlier d'où il sortait, était plutôt
un bassin parallèle que perpendiculaire à la mer.
Ses eaux s'y sont rendues par le plus court chemin,
en déviant un peu vers l'ouest pour recevoir celles
qui lui venaient de Watten par le déversement de
l'Aa. C'est un état de choses qui a dû subsister de
tout temps.

Les nappes d'eau, qui se trouvaient prises entre
les bancs, se sont toujours écoulées à la mer, suivant les fosses qu'ils formaient entre-eux et par
les courants d'eau des vallées. Du moment où ces
bancs ont atteint la hauteur des hautes mers, et
même avant, la partie des eaux qui était au-dessus s'écoulait directement à la mer où le long du
rivage, suivant que le jusan ou le gain de flot pré-
dominait ; mais celle qui était au-dessous repre-
nait son régime ordinaire. Les bancs ont pu être

rompu par quelque coup de mer violent ; mais le courant du littoral ne tardait pas à réparer le mal. C'est une fait constant qui a eu lieu tout aussi bien sur la côte atterrie du bourg d'Ault au cap d'Al-preck que sur celle de Sangatte à la Meuse ; et ce-la se conçoit. Il fallait une grande masse d'eau ve-nant de l'intérieur, convenablement dirigée, pour lutter contre le courant du littoral qui, ici, a une très grande puissance ; et il fallait une lutte de vieille date, car l'action de ce courant est de tous les jours.

Entre deux courants de vallées, les nappes d'eau se divisaient pour s'y deverser de chaque coté, à ces points de partage les fonds se relevaient, ainsi que tout le terrain environnant. Il y avait deux raisons pour qu'ils fussent habité de bonne heure: la facilité des communications et un sol élevé, plus sain, au milieu d'un pays couvert d'eau.

Telles sont les conditions auxquelles le port de Mardyck, sur le canal de ce nom, a dû son existen-ce, que nous avons cherché à établir d'après la constitution du sol qui est parfaitement définie, dans le but de ramener à ce qu'il y a de vrai, les différentes versions que M. Dumas-Vence a réuni dans son ouvrage, sur son origine. Il est parfaite-ment exact que le banc de Schurken, qui limitait le canal à l'ouest, existait du temps des Romains. Sa formation est peut-être antérieure, ou au moins de la même époque que celle du littoral actuel.

Les historiens regardent Mardyck comme le plus ancien port de tous ceux qui se sont établis sur la côte atterrie. Il avait autrefois une très-grande importance. Il était situé à l'extrémité de la plus grande lagune intérieure qui allait jusqu'à Watten, et se rejoignait avec un autre lac situé dans les anciens terrains, qui s'étendait plus loin que Saint-Omer. Ce lac était alimenté par la Lys et l'Aa. Enfin les Romains avaient établis une route stratégique de Cassel à Mardyck.

Tout cela s'explique très-bien à l'exception de la jonction de la Lys au lac de St-Omer, qui n'est pas possible. Il y a là une faute d'interprétation, que les cartes de Faulconnier ne commettent pas. On peut considérer Mardyck comme à l'extrémité de la lagune de Watten, mais non à son débouché. Plusieurs historiens paraissent le croire, et le père Chiffer l'indique sur sa carte. Celle de Van Schrieck est plus complète. Mardyck était situé à mi-chemin entre Gravelines, débouché de la lagune de Watten et Dunkerque, dans la position que lui donne Van Langren sur ses cartes de 1624 et 1625, au point de la séparation de la nappe d'eau, ou lagune, comprise entre le banc de la deuxième époque et celui de la troisième, le rivage actuel, en deux parties dont l'une s'écoulait sur l'Aa et l'autre sur le courant d'eau de Bergues, qui est maintenant un canal.

Tout cela est parfaitement indiqué sur les cartes de Van Langren ; seulement la nappe d'eau intérieure qui, du temps de la prospérité de Mordick, était un bras de mer, n'était plus de son temps qu'une flaque d'eau. Ce port était alors dans d'excellentes conditions : entouré de toute part de surface d'eau navigables et ayant une communication avec l'intérieur du pays, la seule qui peut exister.

Les nappes d'eau de l'intérieur allaient chaque jour en diminuant, par l'apport des sables de la mer et des vases de l'intérieur et surtout par les travaux de l'homme constamment préoccupé de la conquête de nouveaux terrains dans cet état de choses. Il y avait près de Mardick un point qui ne devait pas tarder à lui être préféré, c'était celui où se trouvait le chenal par lequel les eaux intérieures de Watten à Bergues s'écoulaient à la mer. Dès que ses rives furent un peu alléchées, des pêcheurs vinrent les habiter ; les grandes qualités de cette position nautique ne pouvaient pas rester inaperçues, elles ne tardèrent pas à acquérir une grande réputation. C'est ainsi que Dunkerque s'est fondé.

Le nouveau port jouissait de tous les avantages de l'ancien sur le canal de Mardick. Il avait à l'est une sortie plus facile, c'est-à-dire que le canal était plus court de ce côté qu'à l'ouest. On pouvait le considérer comme le véritable chenal du port de Dunkerque. Il avait la direction que l'on aurait dû donner à toutes les jetées sur cette côte, c'est-à-dire la résultante du courant du littoral et de celui des eaux venant de l'intérieur. En outre, il avait dans l'exutoire des eaux de l'intérieur à la mer un excellent abri, qui est devenu le port, que n'avait pas Mardick. Enfin, la grande fosse ou rade de Dunkerque, comprise entre le banc de Scheurken et celui de Braeek, était plus à sa portée. Ce sont ces dons précieux de la nature que n'avait aucune des positions nautiques de ces contrées qui ont porté si haut la puissance et la prospérité de Dunkerque, qui reposaient sur des bases si solides qu'elles ont résisté longtemps aux luttes acharnées des hommes et des éléments.

Le port de Dunkerque, comme l'avait eu celui de Mardick, comme tous les autres ports du pays, a eu sa phase de dépérissement. Les sables et les vases sont venus l'envahir, et cela au milieu de ses plus brillants succès. C'est alors que l'on a fait les plus héroïques efforts pour conjurer le mal ; mais la question n'était pas facile à résoudre.

Pendant longtemps, les eaux de la mer se répandaient sans obstacles dans l'intérieur, au milieu des parties basses qui se trouvaient entre les bancs qui, eux, s'élevaient plus ou moins au-dessus des plus hautes mers. On conçoit que le mouvement de va et vient d'une masse liquide aussi considérable ait entretenu de larges et profonds canaux à ses débouchés à la mer ; et c'est sur ces canaux que se sont établis les ports. Mais on comprit de bonne heure, dans ces contrées, tous les profit que l'on tirerait de ces vastes terrains, si on parvenait à en expulser l'eau salée pour en faire des prairies. La proximité des Pays-Bas où les Hollandais les premiers avaient fait surgir la terre ferme d'immenses lagunes était un exemple qui devait se propager rapidement. On fut malheureusement trop exclusif dans l'application de cette idée excellente en elle-même.

Lorsque le dernier banc, celui du littoral, fut assez élevé et assez solidement assis pour empêcher les plus hautes mers de passer, on interdit l'introduction des eaux ordinaires à l'intérieur au moyen d'écluses construites en arrière des ports, de sorte qu'on pouvait assécher à mer basse tous les terrains susceptibles de l'être et les maintenir dans cet état pendant les marées. Mais il ne restait plus pour nettoyer les ports que le va et vient du peu d'eau qu'ils recevaient de la mer, qui était d'un faible effet, et le mouvement des eaux douces retenus par les écluses d'une marée à une autre, qui ne pouvaient s'écouler que près du moment des mers basses, et par un exutoire étroit, donnant un maigre filet d'eau bon, tout au plus, à maintenir une simple cuvette au milieu des boues tenaces amenées par les eaux douces. Non seulement les ports, les canaux intérieurs et même les chenaux s'encombraient, surtout à leur débouché à la mer, il fallait alors se décider à prolonger les jetées pour aller chercher au large de plus grands fonds. On tombait de Carybde en Sylla. Les chasses affaiblies par un trop long parcours étaient impuissantes à lutter contre les courants de la mer. Il se produisait de nouveaux dépôts qui jetaient le plus grand trouble dans le régime des eaux de la rade.

Tel est le cercle vicieux dans lequel on tourne depuis 960, époque où Baudoin III, comte de Flandre, a commencé à s'occuper des travaux du port de Dunkerque, dont M. Dumas-Vence fait l'histoire et en même temps une critique à laquelle nous nous associons. Elle se trouve en accord avec les appréciations que nous émettons depuis plusieurs années sur la situation de cette position nautique.

Déjà, en 1664, M. Jouglet de Ligne, dans son travail sur Dunkerque, signalait la tendance qu'avait la fosse ou rade de Dunkerque, au déversement de ses eaux dans les fosses voisines et indiquait le moyen de l'empêcher et de la remettre dans son état primitif et, on peut même ajouter, de l'améliorer beaucoup. Nous ne reviendrons pas sur cette question. Nous renvoyons à ce mémoire.

Quant aux moyens employés jusqu'à présent avec une si grande persistance, pour améliorer, approfondir et dégager de dépôts, l'entrée des ports de cette contrée, tout le monde nous le croyons est disposé à en reconnaître les inconvénients. On trouve les chasses artificielles trop faibles par suite de la division des réservoirs et de leur peu de capacité et placés trop loin du point où elles doivent agir. On les veut plus nourries, plus continues, et alimentées par de plus vastes réservoirs et plus près de la mer, et enfin on veut des chenaux disposés de manière à ne rien changer au régime des plages. C'est donc un retour très prononcé aux chasses naturelles, à l'état primitif des choses.

Le difficile pour remplir ce but est de trouver l'espace nécessaire à l'établissement des bassins de chasses qui est considérable. On ne peut le prendre que sur la plage, sur la côte rongée, dont les fonds sont résistants, on le met plus au large ; mais ici où les plages sont d'un sable profond, les marées creuseront les bassins. La position de celui de Dunkerque est toute indiquée à l'est du chenal à l'emplacement qui s'est parfaitement conservé du débouché du canal de Mardyck à l'est.

Lorsque l'on jette un coup d'œil sur la côte de sable de la pointe du Hourdel au cap d'Alprech, et de Sangatte à la frontière de Belgique, et même jusqu'à l'embouchure de la Meuse, on est frappé de la régularité avec laquelle le courant du littoral a réglé les plages. Il n'y a pas un dérangement qui ne soit dû à un obstacle que le courant n'a pu vaincre, mais qui ne l'empêche pas après l'avoir passé de reprendre ses allures ordinaires ; et si l'obstacle n'est pas au-dessus de ses forces, il le fait disparaître lui-même tout en conservant son alignement. Ainsi, lorsque l'on a enlevé la saillie que faisaient sur l'Estran les jetées du chenal du port de Gravelines, il n'a pas tardé à entraîner avec lui le sable qui s'y était accumulé. Le même fait se produirait devant Calais et Dunkrque, si l'on faisait subir la même opération à leurs jetées. Ainsi comme l'ont fait remarquer MM. de la Roche-Poncie, Plocq et Dumas-Vence, les dérangements de la plage sont dus aux travaux qu'on y a faits, et à des accidents qui n'ont aucun caractère de permanence.

La raison en est simple. Lorsque le courant du littoral a quitté un banc pour en produire un autre, c'est que ses eaux y sont obligées par la force des choses, c'est qu'elles n'ont plus de débouché pour continuer leur premier écoulement. Nous en avons vu plusieurs exemples. Mais une fois la nouvelle direction prise, il ne peut pas la modifier sur place, car le courant ne se compose pas seulement du filet d'eau qui longe le banc, mais de toute la masse en arrière qui le maintient en ligne droite. Ainsi, est-ce que les masses d'eau qui s'en détachent pour entrer dans les baies en dérangent la direction générale ? Nullement.

Le courant du littoral de la Manche est arrivé successivement avec le temps à prendre de grandes directions. Dès qu'il l'a pu, une fois acquises, il ne les quitte plus pour des causes locales. S'il rencontre des obstacles, il passe par dessus sans se déranger. Donc tout porte à croire que les plages n'ont pas beaucoup changé depuis leur origine. Le courant amène cependant toujours du sable, mais la vague le pousse au pied de la dune et le vent l'enlève pour l'exhausser. Il s'établit une espèce d'équilibre entre les apports de sable et leur emploi. Voilà des faits qui ne nous paraissent pas susceptibles d'être contestés.

Ainsi toutes les constructions établies sur les plages en troublent le régime, seulement ce trouble est local. Il faut les éviter autant que possible, surtout lorsqu'il y a une rade en avant comme à Dunkerque ; mais il y a des circonstances où elles sont obligées. Alors les difficultés d'exécution grandissent. Quant à Dunkerque, le mal est fait. Il faut en tirer parti, et adosser le grand bassin des chasses à la jetée Est qui le garantira ainsi que le chenal. Nous reviendrons plus tard sur ce projet que nous traiterons en tous détails. Nous nous contentons pour le moment d'en poser les principales bases.

Nous terminons par cette dernière remarque que la nécessité des communications est devenue telle, entre la France et l'Angleterre, que l'on songe à faire un pont sur le détroit, qui exigera des sommes folles. En admettant que la réalisation de ce projet soit possible, on avouera que c'est du luxe. Or, avant de se donner le luxe, il faut se donner le nécessaire ; et le nécessaire, ce sont des ports dits de refuge, ou rades couvertes où l'on puisse entrer et sortir en tout temps et à toute mer. Lorsque l'on aura obtenu ce résultat, sur quelques points seulement, car on ne peut pas espérer en avoir partout, on pourra se considérer comme ayant satisfait à une des plus grandes exigences du moment. Le spectacle des pertes douloureuses que l'on a eu cet hiver, n'est-il pas navrant? Sous ces différents points de vue, nous croyons que tout le monde est d'accord.

On fait maintenant les plus louables efforts pour augmenter la profondeur des ports de cette région, à leur entrée. On est obligé de reconnaître que ces efforts ne sont pas toujours couronnés de succès. Néanmoins, c'est un mieux dont on sent tout le prix, mais un mieux passager, en qui on n'a pas de confiance et qui demande pour se maintenir des travaux incessants. On pourra certainement obtenir quelques fonds en les creusant de main d'homme; mais que de temps et de dépenses ! Ce n'est pas que nous rejetions le procédé d'une manière générale. Il est nécessaire dans certains cas, mais la preuve de son impuissance, et des incon-

vénients de son emploi dans de grandes entrepri-
ses, c'est la persistance que l'on met à employer
des chasses artificielles dans les fonds mobiles,
malgré le peu de résultats que l'on en obtient et la
détermination que les Anglais ont pris d'aller chercher des fonds en mer, où ils présentent de la résistance, au moyen de constructions considérables
en grosse maçonnerie.

L'emploi des eaux, là où elles peuvent creuser,
est toujours ce qu'il y a de plus simple, de plus
économique et de plus productif; de plus simple
comme travail, mais non pas comme projet, parce
qu'il ne faut pas que le projet repose sur des idées
systématiques, mais bien sur l'étude sérieuse des
données de la nature, autrement on ne tarderait
pas à faire fausse route. On ne peut pas émettre
de doute à cet égard, en présence de ce qui se
passe à l'entrée de Seine, que nous avons exposé
de la manière la plus complète. Lorsque l'on voit
ce que produit le simple changement de direction
du talwey de la masse des eaux, non-seulement en
Seine, mais encore en Somme et en Canche, que
sera-ce lorsque cette masse d'eau ne s'écoulera
plus en large nappe, mais qu'elle sera encloisonnée
par un barrage dans une gorge relativement étroite?

C'est ici qu'il faut préciser, car on fait plus d'une
objection contre l'effet produit par les eaux et contre la construction des barrages. Nous répondrons

d'abord à la première par un fait, et puis nous l'expliquerons. Il se forme, en temps ordinaire, à l'embouchure des fleuves et des rivières, des barres que les crues enlèvent. Les crues sont des masses d'eau qui coulent à plein bord. Eh bien, les chasses naturelles ne sont rien autre chose que des crues permanentes; elles entraînent au loin, en jusan, les matières qu'elles ont en suspension dans leurs eaux, de sorte que le flot n'en ramène qu'une faible partie et encore là où le gain de flot domine, il emmène de ces matières qui ne peuvent plus revenir à leur point de départ, on le voit très bien depuis l'Authie jusqu'à Dunkerque. A l'embouchure de la Somme, au contraire, le jusan se montre par ses déjections qui s'étendent au sud-ouest, déjections produites par une large nappe d'eau qui n'avait pas la force de les conduire au large, mais à travers lesquelles un vigoureux courant de chasse naturelle finirait par se faire une trouée; mais on comprend de quelle importance est le gain de flot pour dégager les embouchures.

Les chasses artificielles qui ne peuvent se faire que peu de temps avant ou après la mer basse, ne peuvent jamais être qu'un mince filet d'eau, elles s'affaiblissent très vite et font leurs dépôts à une faible distance des musoirs où le flot ne tarde pas à les ramener. Nous renvoyons à M. Dumas-Vence qui a épuisé ce sujet.

La deuxième objection, celle contre les barrages, surtout des barrages sur des sables profonds, est peut-être plus sérieuse; nous croyons y avoir déjà répondu. Mais comme sur une question nouvelle, nous pensons qu'il n'est pas inutile d'ajouter encore quelques mots à sa défense; nous avons déjà dit que les barres en sable des embouchures de la Somme, de l'Authie et de la Canche, qui sont parfaitement indiqués, n'avaient pas pu s'élever beaucoup ni se creuser profondément, parce que les eaux qui y entrent et en sortent en larges nappes les avaient nivelé inégalement. Cependant, suivant la force des eaux à l'emplacement des courants, et l'épaisseur des nappes sur les autres points, et comme l'épaisseur des nappes va chaque jour en diminuant, l'ensablement marche à grands pas avec uniformité. Les choses se seraient passées autrement si les fonds eussent été plus résistants. Ils seraient plus creusés aux premiers points où se trouvent les courants réguliers, et plus relevés aux seconds, suivant la plus ou moins grande quantité de matériaux qui s'y accumulent, parce que, dans ce dernier cas, les eaux respectent plus leur ouvrage. Lorsque par de grandes vitesses elles creusent ou débarrassent les passes et relèvent les barres, le travail effectué ne s'efface pas dès que les vitesses s'affaiblissent, comme dans le sable, les parois des chenaux que les eaux forment en s'enfonçant dans les fonds résistants se conservent mieux, c'est ce qui manque au sable et qu'il faut lui donner, en couvrant de couches de beton argileux les surfaces de sable que les eaux doivent respecter. Cette condition remplie, il offre le très grand avantage de se creuser plus profondément. Ce sont des faits dont on rencontre des exemples à chaque instant sur cette côte.

Nous avons vu dans plusieurs endroits, entre autres sur la rive droite de la baie d'Etaples, des magma de terre argileuse et de galet résistants très bien à la lame. La résistance est d'autant plus grande que la terre est plus grasse, c'est-à-dire plus allumineuse. Les pierres blanches, recouvertes d'une végétation maritime gluante, résistent aussi ; mais seules, elles n'ont pas assez de cohosion, il leur faut aussi une gangue argileuse. Il suffira de quelques expériences pour reconnaître le choix que l'on doit faire.

La question se résume donc dans celle de l'organisation de bassins de chasses naturelles. Il y en a de deux espèces : la première comprend ceux qui sont formés par une digue ou par un banc parallèles au rivage et parcourus dans leur longueur par le courant du littoral de la Manche, comme la fosse ou rade de Dunkerque ou la petite rade du Hâvre ; la seconde espèce se compose de bassins plus clos, parcourus par le va et vient de la marée.

On peut les diviser en quatre catégories, ceux pris sur la mer dans le cas des fonds résistants, ou sur la plage sur des fonds de sable plus ou moins profonds, et enfin les bassins dans l'intérieur des terres, fermés, par un barrage sur fonds solides ou sur fond de sable mobile.

Les bassins de la première et de la seconde catégorie, pris sur la mer, sont ceux dont la construction présente le plus de difficultés. Ils sont exposés de tous côtés à la violence des flots. L'enveloppe de ceux qui sont sur fonds solides peut se faire en gros blocs maçonnés, comme les Anglais les exécutent. Ils sont excessivement couteux. Il faut compter pour eux une dixaine de millions. Lorsque les enveloppes sont sur des plages de sables mouvants, on ne peut les élever que par des couches successives de beton argileux; mais il faut les revêtir à l'extérieur avec des perées d'une grande solidité, ce qui en augmente beaucoup la dépense.

Les bassins de la troisième et de la quatrième catégorie, dans l'intérieur des terres, sont ceux qui présentent les plus grands avantages sous tous les rapports. Nous ne parlerons pas de la troisième catégorie qui n'a pas d'application ici. Ces bassins sont fermés par des barrages enracinés à leurs extrémités à la terre ferme. Il faut certainement prendre des précautions pour qu'elles ne soient pas tournées; mais, en général, ils ne sont exposés qu'à des effets directs de la mer qui, s'ils sont quelquefois destructeurs, sont aussi le plus souvent réparateurs, pourvu qu'on leur fournisse les éléments nécessaires.

Le coffre des barrages en beton argileux doit être établi autant que possible dans l'alignement de la laisse des hautes mers, de manière à ce qu'il puisse se former une plage en avant. Les sables de cette plage seront fournis par le courant du littoral qui en entraîne encore maintenant une assez grande quantité. Elle s'augmentera des déjections des baies de Somme, d'Authie et de Canche produites par les chasses naturelles. Cette plage sera une garantie pour le coffre de beton argileux, qui lui, s'élèvera par couches successives par la main de l'homme. La construction et les réparations seront faites avec une suite qui promet un prompt résultat, que l'on ne peut pas toujours attendre de l'action de la nature, qui est intermittente pour édifier et quelquefois impuissante, manque de matériaux. Ainsi, à l'embouchure de la Seine, les bancs de l'Eclat, du haut de la rade d'Amfard et du Ratier, ne peuvent plus s'élever, parce que le galet que produit la côte d'Antifer est absorbé par le lestage des batiments, celui du Ratier était beaucoup plus haut qu'il l'est maintenant. On en a enlevé des galets pour les travaux du port de Honfleur. Quelle prévoyance !

Lorsque l'on a encore le bonheur de posséder de belles nappes d'eau intérieures, comme celles des embouchures de la Seine, de la Somme, de l'Authie et de la Canche, qui peuvent donner d'admirables mouillages, parfaitement abrités de tous côtés, ce serait une faute grave que la postérité ne pardonnerait pas à notre époque, de les avoir abandonnées sous le futile prétexte de difficultés d'exécution que l'on ne se serait pas donné la peine de chercher à surmonter, lorsqu'elles n'ont rien qui sorte de la limite des choses possibles.